El arte de comunicar

Primera edición: febrero de 2018
Segunda edición: diciembre de 2019
Tercera edición: octubre de 2022
Cuarta edición: abril de 2023

© Unified Buddhist Church, Inc., 2013
© de la traducción, Sonia Tanco, 2018
© de esta edición, Futurbox Project, S. L., 2023
Todos los derechos reservados.

Diseño de cubierta: Pedro Viejo

Publicado por Kitsune Books
C/ Aragó, 287, 2.º 1.ª
08009, Barcelona
info@kitsunebooks.org
www.kitsunebooks.org

ISBN: 978-84-16788-18-7
IBIC: HRE
Depósito Legal: B 1164-2018
Preimpresión: Taller de los Libros
Impresión y encuadernación: Liberdúplex
Impreso en España – *Printed in Spain*

El arte de comunicar

Thich Nhat Hanh

TRADUCCIÓN
Sonia Tanco

Índice

1

El sustento esencial

Nada sobrevive sin sustento. Todo cuanto consumimos o bien nos cura o nos envenena. Tendemos a pensar que lo único que nos alimenta es lo que nos entra por la boca, pero lo que consumimos con los ojos, los oídos, la nariz, la lengua y el cuerpo también nos alimenta. Las conversaciones que tienen lugar a nuestro alrededor, y aquellas en las que tomamos parte, también nos alimentan. ¿Consumimos y creamos un tipo de sustento que es saludable para nosotros y nos ayuda a crecer?

Cuando decimos algo que nos nutre y que estimula a las personas que nos rodean, los proveemos de amor y compasión. Cuando hablamos y actuamos de forma que provocamos tensión y enfado, fomentamos la violencia y el sufrimiento.

A menudo, las conversaciones que mantenemos con otras personas, así como aquello que vemos y leemos, tienen un efecto tóxico en nosotros. ¿Ingerimos cosas que ayudan a fomentar nuestra comprensión y compasión? Si es así, ese es un buen sustento. Otras veces, ingerimos un tipo de comunicación que nos hace sentirnos mal, inseguros de nosotros mismos, superiores a los demás y mostrarnos críticos con ellos. Podemos pensar en la comunicación desde el punto de vista de la nutrición y el consumo. Internet es un elemento de consumo, lleno de nutrientes que pueden ser tanto curativos como tóxicos. Basta con conectarnos solo unos minutos para ingerir una gran cantidad de nutrientes. Esto no quiere decir que no puedas utilizar internet, pero debes ser consciente de lo que lees y ves al hacerlo.

Si trabajas con el ordenador durante tres o cuatro horas, estás completamente perdido. Es como comer patatas fritas: no deberías comerlas durante todo el día, igual que tampoco deberías estar conectado al ordenador todo el día. La mayoría solo necesitamos comer unas pocas patatas fritas y estar solo unas pocas horas conectados.

Lo que lees y escribes puede ayudarte a curarte, así que debes tener cuidado con lo que consumes. Mientras escribes un correo electrónico o una carta cargada de comprensión y compasión, te nutres a ti mismo. No importa si se trata de una nota breve: todo lo que escribes puede nutriros a ti y a la persona a la que escribes.

Consumir con conciencia plena

¿Cómo podemos diferenciar la comunicación saludable de la tóxica? La energía de la conciencia plena es un ingrediente indispensable en una comunicación saludable. La conciencia plena requiere dejar a un lado los prejuicios, volver a ser conscientes de la respiración y el cuerpo, y centrar toda la atención en lo que hay en tu interior y en lo que te rodea. Eso te ayudará a reconocer si un pensamiento que has producido es saludable o dañino, compasivo o hiriente.

La conversación es una fuente de alimento. Todos nos sentimos solos y queremos hablar con los demás, pero, cuando mantenemos una conversación con otra persona, lo que esa persona dice puede estar cargado de toxinas, como el odio, el enfado y la frustración. Cuando escuchamos lo que dicen los demás, consumimos esas toxinas, las introducimos en nuestra conciencia y en nuestro cuerpo. Por eso es muy importante practicar la atención plena al hablar y escuchar.

Las conversaciones tóxicas pueden ser difíciles de evitar, especialmente en el trabajo. Debes ser consciente de lo que ocurre a tu alrededor. Es importante que practiques la atención plena para no absorber este tipo de sufrimiento. Protégete con la energía de la compasión para que, al escuchar, en lugar de consumir toxinas, produzcas más compasión en tu interior. De este modo, cuando escuches a alguien, la compasión te protegerá y tu interlocutor sufrirá menos.

Absorbemos las ideas, el habla y las acciones que realizamos, así como los que recoge el mensaje de quienes te rodean. Esta es una forma de consumo. Por ello, cuando leas algo, cuando escuches a alguien, no deberías permitir que las toxinas perjudiquen tu salud ni te hagan sufrir a ti ni a la persona o grupo de personas con las que te comunicas.

Para ilustrar esta idea, Buda utilizó la metáfora de una vaca que tenía una enfermad de la piel. Todo tipo de insectos y microorganismos provenientes de la tierra, los árboles y el agua atacan a la vaca. Sin piel, las vacas no están protegidas. La conciencia plena es nuestra piel. Sin una conciencia plena, podemos absorber elementos tóxicos para el cuerpo y la mente.

El ser humano consume incluso mientras conduce por la ciudad. Nos topamos con anuncios publicitarios y nos vemos obligados a consumirlos. Oímos sonidos; incluso es posible que digamos ciertas cosas como consecuencia de una ingesta masiva de toxinas. Debemos protegernos mediante el consumo consciente, y la comunicación plena forma parte de esta práctica. Podemos comunicarnos de modo que afiancemos la paz y la compasión que habita en nuestro interior y aportemos felicidad a los demás.

Las relaciones no sobreviven sin el sustento adecuado

Muchos de nosotros sufrimos a causa de las conversaciones difíciles. Nos sentimos incomprendidos, especialmente por aquellos a los que queremos. En una relación, somos el sustento de la otra persona. Por eso, debemos elegir qué tipo de alimento ofrecemos a esa otra persona, ya que este elemento será el que permita que la relación prospere. Todo, incluso el amor, el odio y el sufrimiento, necesita sustento para continuar. Si el sufrimiento continúa es porque lo alimentamos. Cuando hablamos sin ser plenamente conscientes de lo que decimos, alimentamos nuestro propio sufrimiento.

Gracias a la conciencia plena, podemos investigar la naturaleza de nuestro sufrimiento y descubrir qué tipo de alimento le hemos suministrado para mantenerlo con vida. Cuando encontremos la fuente que alimenta nuestro sufrimiento, podremos cortar el suministro y el sufrimiento se desvanecerá.

Al principio, las relaciones románticas suelen ser hermosas, pero, con el tiempo, estas comienzan a deteriorarse debido a que no sabemos alimentar ese amor. La comunicación puede revivirlas. Todos los pensamientos que producimos en nuestra mente y en nuestro corazón (o, como dicen en China, «en la barriga») nutren nuestras relaciones. Cuando producimos un pensamiento que transmite sospecha, enfado, miedo o irritación, ese pensamiento no nutre a ninguna de las personas que mantienen una relación. Si la relación se ha vuelto complicada, es porque hemos alimentado la crítica y el enfado en lugar de la compasión.

Un día, en Plum Village, el centro de meditación francés donde vivo, di una conferencia sobre la alimentación de nuestros seres queridos mediante la práctica de la comunicación bondadosa. Hablé de las relaciones como si fueran flores que necesitan que las reguemos con amor y comunicación para crecer. Cerca de la primera fila se sentó una mujer que estuvo llorando todo el tiempo.

Cuando acabó la conferencia, me acerqué a su marido y le dije: «Mi querido amigo, necesita regar su flor». El hombre había asistido a la conferencia y conocía el concepto del habla bondadosa, pero, a veces, todos necesitamos que un amigo nos lo recuerde. Así que, tras el almuerzo, el hombre llevó a su mujer a dar un paseo en coche por el campo. Solo contaban con alrededor de una hora libre, pero, durante el trayecto, el hombre se centró en regar las buenas semillas.

Cuando regresaron, ella parecía haberse transformado por completo, se la veía muy alegre y feliz. Sus hijos estaban muy sorprendidos, porque, cuando sus padres se habían ido por la mañana, estaban tristes e irritados. Esto demuestra que, en solo una hora, puedes transformar a otra persona y a ti mismo si riegas las semillas buenas. Este es un ejemplo de la práctica de la conciencia plena en acción; no es solo una teoría.

Nutrir y reparar la comunicación es el sustento de nuestras relaciones. A veces, unas palabras crueles pueden hacer que la otra persona sufra durante muchos años, y también nosotros. Cuando estamos bajo los efectos de la ira o el miedo, a veces empleamos palabras perniciosas y destructivas. Si nos tragamos ese veneno, este permanecerá en nuestro interior durante mucho tiempo y deteriorará la relación paulatinamente. Es posible que ni siquiera sepamos qué palabras o acciones han envenenado una relación, pero tenemos el antídoto: la compasión consciente y la comunicación bondadosa. El amor, el respeto y la amistad necesitan sustento para sobrevivir. Gracias a la conciencia plena podemos producir pensamientos, mantener conversaciones y realizar acciones que alimentarán nuestras relaciones, y las ayudarán a crecer y prosperar.

2

Comunicarse con uno mismo

La soledad es el mal de nuestro tiempo. A veces nos sentimos muy solos a pesar de estar rodeados de personas. Estamos solos en compañía. Tenemos un vacío interior que nos hace sentir incómodos y tratamos de llenarlo conectando con otras personas. Creemos que, si somos capaces de conectar con los demás, el sentimiento de soledad desaparecerá.

La tecnología nos proporciona varios mecanismos para ayudarnos a estar conectados. Sin embargo, nos sentimos solos incluso cuando estamos conectados. Comprobamos el correo, enviamos mensajes de texto y actualizamos la información de nuestras redes sociales varias veces al día. Queremos compartir y recibir. Aunque pasemos todo el día conectados, somos incapaces de reducir la soledad que sentimos.

Todos queremos recibir amor, pero no sabemos cómo generarlo para alimentarnos de él. Cuando nos sentimos vacíos, utilizamos la tecnología para tratar de aliviar el sentimiento de soledad, pero no funciona. Tenemos internet, el correo electrónico, las conferencias de vídeo, los mensajes y las publicaciones digitales, las aplicaciones, las cartas y los teléfonos móviles. Lo tenemos todo. Y, aun así, no es del todo seguro que hayamos mejorado la forma en que nos comunicamos.

Muchos de nosotros tenemos teléfonos móviles porque queremos estar en contacto con otras personas, pero no deberíamos confiar tanto en nuestros teléfonos. Yo no tengo móvil, pero no siento que esté desconectado de lo que sucede en el mundo. De hecho, gracias a no tener un dispositivo móvil, puedo dedicarme mucho más tiempo a mí mismo y a los demás. Existe la creencia de que tener un teléfono móvil nos ayuda a comunicarnos, pero, si el contenido de nuestro discurso no es auténtico, el hecho de hablar o mandar mensajes a través de un dispositivo electrónico no significa que nos comuniquemos con otra persona.

Confiamos demasiado en las tecnologías de la comunicación. Detrás de todos esos instrumentos se encuentra nuestra mente, el instrumento de comunicación más importante. Si tenemos la mente bloqueada, ningún dispositivo compensará nuestra incapacidad de comunicarnos con nosotros mismos o con los demás.

Conectar con nuestro interior

La mayoría de nosotros pasamos mucho tiempo en reuniones o mandando correos a otras personas y no el suficiente comunicándonos con nosotros mismos. Como resultado, no sabemos lo que ocurre dentro de nosotros mismos. Puede que nuestro interior sea un caos. En ese caso, ¿cómo vamos a comunicarnos con otra persona?

Pensamos que podemos conectar con los demás gracias a todos los dispositivos tecnológicos que existen, pero esto no es más que un espejismo. Vivimos nuestro día a día desconectados de nosotros mismos. Andamos, pero no somos conscientes de que andamos. Estamos presentes, pero no somos conscientes de que lo estamos. Estamos vivos, pero no lo sabemos. Nos perdemos a nosotros mismos a lo largo del día.

Detenerse y comunicarse con uno mismo es un acto revolucionario. Este acto de comunicación consiste en sentarse y dejar de estar perdido, de no ser uno mismo. Para empezar, debes dejar lo que sea que estés haciendo, sentarte y conectar contigo mismo. A esto se le llama tener una conciencia plena. La práctica de la conciencia plena consiste en ser totalmente consciente del presente. No necesitas tener un iPhone ni un ordenador. Solo tienes que sentarte e inhalar y exhalar. En tan solo unos segundos, conectarás contigo mismo. Sabrás lo que ocurre en tu cuerpo y cuáles son tus sentimientos, emociones y percepciones.

Propósito digital

Si te sientes incapaz de comunicarte correctamente en persona o te preguntas si a la otra persona le resultará difícil escuchar lo que tienes que decir, a veces la mejor forma de comunicarse es escribir una carta o un correo electrónico. Si puedes escribir una carta cargada de comprensión y compasión, te nutrirás mientras lo hagas. Las palabras que escribas alimentarán a la persona a la que te dirijas, pero, sobre todo, a ti. Aunque la otra persona no haya recibido todavía el correo electrónico o la carta, te nutrirá mientras escribas, porque tus palabras estarán cargadas de compasión y comprensión.

Puede que te resulte más sencillo practicar la comunicación consciente mediante la escritura, sobre todo al principio de la práctica. Escribir de este modo será beneficioso para tu salud. Puedes llevar a la práctica la comunicación consciente al enviar un correo o un mensaje de texto y al hablar por teléfono. Si nuestro mensaje está cargado de comprensión y compasión, seremos capaces de disipar el miedo y la ira de la otra persona. Por ese motivo, la próxima vez que cojas el teléfono, míralo y recuerda que su propósito es permitir que te comuniques con compasión.

Por lo general, cuando mandamos correos electrónicos y mensajes de texto, tenemos prisa. Una vez terminamos de escribirlos, hacemos clic o pulsamos el botón de enviar y desaparecen. Pero no hay que tener prisa. Siempre hay tiempo para inhalar y exhalar al menos una vez antes de contestar al teléfono o de enviar un mensaje o un correo. Si lo hacemos, las probabilidades de que estemos contribuyendo a que haya más comunicación compasiva en el mundo serán mayores.

Volver a casa

Cuando empezamos a practicar la plena consciencia, iniciamos el camino de vuelta a nosotros mismos. El hogar es el lugar donde desaparece la soledad. Cuando estamos en casa, nos sentimos acogidos, cómodos, seguros y realizados. Hemos pasado demasiado tiempo fuera de casa y la hemos abandonado.

Pero el camino de vuelta a casa no es largo. Nuestro hogar se encuentra en nuestro interior. Para volver a casa solo necesitamos tomar asiento, estar con nosotros mismos y aceptar la situación tal y como es. Sí, puede que en nuestra casa reine el desorden, pero debemos aceptarlo, porque sabemos que hemos pasado mucho tiempo fuera. Ahora estamos en casa. Al inhalar y exhalar, al respirar conscientemente, empezamos a ordenar nuestro hogar.

Comunicarse mediante la respiración

El camino de vuelta a casa empieza con la respiración. Si sabes respirar, puedes aprender a caminar, a sentarte, a comer y a trabajar con la conciencia plena para aprender a conocerte a ti mismo. Cuando tomas aire, vuelves a ser tú mismo. Cuando lo sueltas, liberas las tensiones. Una vez seas capaz de comunicarte contigo mismo, podrás comunicarte con el exterior con más claridad. La entrada te guiará hacia la salida.

Podemos comunicarnos gracias a la respiración consciente, igual que con un teléfono móvil. Promueve la comunicación entre la mente y el cuerpo. Nos ayuda a descubrir nuestros sentimientos. Respiramos en todo momento, pero muy pocas veces prestamos atención a nuestra respiración, a menos que nos resulte difícil o incómodo.

Gracias a la respiración consciente, cuando inhalamos, sabemos que inhalamos. Cuando exhalamos, sabemos que exhalamos. Cuando inhalamos, centramos la atención en el momento en que tomamos aire. Para recordar que debemos controlar nuestra respiración, podemos repetir mentalmente:

Al inhalar, soy consciente de que inhalo.
Al exhalar, soy consciente de que exhalo.

«El aire entra en mi cuerpo. El aire abandona mi cuerpo». Sigue tus inhalaciones y tus exhalaciones en todo momento. Pongamos que tardas cuatro segundos en tomar aire. Mientras inhales, centra toda tu atención en la acción de inhalar, sin interrupciones. Mientras expulses el aire, concéntrate en la acción de exhalar. Estás a solas con tus inhalaciones y tus exhalaciones. Nada ni nadie te acompaña. Eres tus inhalaciones y exhalaciones.

La acción de inhalar y exhalar es una práctica de la libertad. Cuando nos centramos en la respiración, dejamos a un lado todo lo demás, incluidos las preocupaciones y los miedos sobre el futuro, así como los remordimientos y las penas del pasado. Al centrarnos en respirar, nos damos cuenta de que nos encontramos en el presente. Podemos realizar esta práctica a lo largo de todo el día y disfrutar de las veinticuatro horas de las que disponemos para inhalar y exhalar. Podemos tomar conciencia de nuestro cuerpo. Con inhalar solo durante dos segundos, serás libre.

Todos sabemos cuándo otras personas inhalan y exhalan conscientemente; es evidente con solo mirarlas. Se las ve libres. Si nos abruma el miedo, la ira, el remordimiento o la ansiedad, no somos libres, da igual la posición que ocupemos en la sociedad o cuánto dinero tengamos. Solo experimentamos la verdadera libertad cuando dejamos a un lado el sufrimiento y volvemos a casa. La libertad es lo más valioso que existe. Es la base de la felicidad y está a nuestro alcance al respirar conscientemente.

No pensar y no hablar

La felicidad está a tu alcance cuando te encuentras en sintonía contigo mismo. Para ello, debes separarte de tu teléfono móvil. Cuando asistes a una reunión o un evento, apagas el teléfono. ¿Por qué? Porque quieres comunicarte y asimilar el mensaje de los demás. El proceso es el mismo cuando te comunicas contigo mismo. Este tipo de comunicación no es posible con un teléfono móvil: estamos acostumbrados a pensar demasiado y hablar demasiado. Sin embargo, para comunicarnos con nosotros mismos, debemos poner en práctica el arte de no pensar y no hablar.

No pensar es una práctica muy importante. No hay duda de que pensar y hablar también puede ser productivo, en especial cuando tenemos la mente despejada y nuestros pensamientos son claros. Aun así, pasamos la mayor parte del tiempo anclados en el pasado, intentando controlar el futuro, generando percepciones erróneas y preocupándonos por lo que piensan los demás.

Las percepciones erróneas pueden producirse en un instante, en un abrir y cerrar de ojos. En cuanto percibimos algo, ese algo nos atrapa. Por eso, cualquier cosa que digamos o hagamos basándonos en esa percepción puede ser peligrosa. ¡Es mejor no decir ni hacer nada! Por ello, la tradición zen afirma que los caminos del habla y el pensamiento deberían interrumpirse. El camino del habla debe interrumpirse porque, si sigues hablando, continúas atrapado en tus propias palabras.

No pensar y no hablar son maneras de llevar a la práctica la respiración consciente. Si no pensamos y no hablamos, no hay obstáculo que nos impida disfrutar del presente. Inhalar y exhalar es agradable; sentarse, caminar, desayunar, ducharse, limpiar el baño y cuidar del jardín es agradable. Cuando dejamos de hablar y pensar y nos escuchamos conscientemente a nosotros mismos, nos damos cuenta de nuestra mayor capacidad para disfrutar y de las oportunidades que tenemos.

Otra de las cosas que ocurre cuando dejamos de pensar y hablar y empezamos a escucharnos a nosotros mismos es que somos conscientes del sufrimiento que hay en nuestra vida. Puede que haya tensión y dolor en nuestro cuerpo. Es posible que sintamos miedo y dolor del pasado, así como del presente, que escondemos tras nuestras conversaciones, mensajes de texto o pensamientos.

La conciencia plena nos permite escuchar el dolor, el sufrimiento y el miedo que habita en nuestro interior. Cuando notamos que el sufrimiento o el miedo hacen acto de presencia, no tratamos de huir. De hecho, lo que debemos hacer es retroceder y ocuparnos de ello. No nos da miedo sentirnos abrumados, porque sabemos cómo respirar y caminar para generar la suficiente energía consciente como para reconocer y lidiar con el sufrimiento. Si respiras y caminas con conciencia plena, dejarás de tener miedo de estar a solas contigo mismo.

No necesito teléfono móvil porque llevo conmigo la conciencia plena, como si llevara un ángel de la guardia sobre el hombro. Este ángel siempre me acompaña cuando practico. Me ayuda a no tener miedo del sufrimiento o el dolor. Es mucho más importante tener una conciencia plena que llevar un teléfono encima. Creemos que estamos a salvo cuando llevamos el móvil con nosotros, pero lo cierto es que la conciencia plena nos protege, reduce nuestro sufrimiento y mejora nuestra comunicación mucho más que un móvil.

Volver

La tranquilidad de no pensar y no hablar nos da el margen necesario para escucharnos a nosotros mismos de verdad. No debemos intentar escapar de nuestro sufrimiento. No tenemos que esconder lo que nos resulta desagradable. De hecho, hemos de estar presentes para nosotros mismos, para entendernos y transformarnos.

Por favor, vuelve a casa y escúchate. Si no te comunicas bien contigo mismo, no te comunicarás bien con nadie más. Vuelve una y otra vez, y comunícate contigo mismo con cariño. En eso consiste la práctica. Tienes que volver a ti mismo y escuchar la felicidad que haya en ti en ese momento; escuchar el sufrimiento del cuerpo y de la mente, y aprender a aceptarlo y mitigarlo.

Comunicarse con el cuerpo

Siempre y cuando tengamos una conciencia plena, podremos respirar conscientemente durante el día mientras realizamos nuestras actividades diarias. Pero la conciencia plena será mucho más fuerte y curativa, y nosotros nos comunicaremos con mucho más éxito, si nos tomamos el tiempo necesario para detenerlo todo y nos sentamos en silencio unos instantes. Cuando Nelson Mandela fue puesto en libertad y vino a Francia de visita, un periodista le preguntó qué era lo que más le apetecía hacer. Él respondió: «Sentarme y no hacer nada». Desde que salió de la cárcel y se metió oficialmente en política, no había tenido tiempo de sentarse y disfrutar de estar sentado. Deberíamos sacar tiempo para sentarnos, aunque solo sea durante unos minutos a lo largo del día, porque hacerlo es un placer.

Si estamos nerviosos y no sabemos qué hacer, sentarse es una buena idea. También lo es cuando estamos tranquilos, pues de este modo desarrollamos el hábito y la práctica de sentarnos. Una vez nos sentamos, podemos empezar a inhalar y exhalar. Enseguida empezaremos a disfrutar de la acción de tomar aire y expulsarlo, y todo mejorará ligeramente, pues el presente estará disponible para nosotros.

Disfruta de la respiración. Cuando nos sentamos y respiramos conscientemente, nuestro cuerpo y nuestra mente pueden por fin comunicarse y unirse. Es casi un milagro, porque, por lo general, la mente está en un lugar y el cuerpo en otro. La mente está absorta en los detalles de los proyectos del presente, la tristeza del pasado o la ansiedad que nos provoca el futuro, por lo que no está cerca del cuerpo.

Cuando respiras conscientemente, el cuerpo y la mente vuelven a conectar. Para ello, no necesitas emplear una técnica sofisticada. Basta con sentarse y ser consciente de la respiración. De este modo llevarás la mente a casa, al cuerpo. El cuerpo es una parte esencial de tu hogar. Cuando pasas muchas horas delante del ordenador, a veces olvidas por completo la existencia del cuerpo, hasta que está tan dolorido, agarrotado y tenso que no puedes ignorarlo. Tendrás que hacer pausas y volver a tu cuerpo antes de llegar a ese extremo.

Para tomar conciencia de la conexión entre el cuerpo y la mente, puedes repetir mentalmente estas palabras:

Al inhalar, soy consciente de mi cuerpo.
Al exhalar, libero la tensión de mi cuerpo.

Sal a pasear

Caminar con conciencia plena es una forma maravillosa de unir el cuerpo y la mente. También constituye otra oportunidad de comunicarse con algo que no habita en nuestro interior y que revitaliza y cura: la tierra. Cuando das un paso y eres plenamente consciente de ese paso que das en el suelo y la tierra, no existen diferencias entre el cuerpo y la mente. Tu cuerpo es tu respiración. Tu cuerpo son tus pies. Tu cuerpo son tus pulmones. Y cuando estás conectado con tu cuerpo, tus pies, tu respiración y tus pulmones, estás en casa.

Cada paso que das te lleva a casa, al aquí y el ahora, para que conectes contigo mismo, con tu cuerpo y tus sentimientos. Es una conexión real. No necesitas un dispositivo que te indique cuántos amigos tienes, cuántos pasos has dado o cuántas calorías has quemado.

Cuando camines de forma consciente, integra tu respiración con cada paso que des y concéntrate en la forma en que tus pies conectan con el suelo. De este modo, eres consciente de que estás dando un paso y dejas de pensar por completo. Cuando pensamos, nos perdemos en nuestros pensamientos. No sabemos lo que ocurre en nuestro cuerpo, en nuestros sentimientos ni en el mundo. Si piensas mientras caminas, no caminas de verdad.

Por eso, debes centrar tu atención en la respiración y en tus pasos. Fíjate en tus pies, en el movimiento y en el suelo que pisas. Mientras centras tu atención en dar un paso, eres libre, porque en ese momento tu mente solo se ocupa del paso que estás dando. No se deja llevar por el futuro ni el pasado. Con solo dar un paso, eres libre.

Mientras caminas, puedes repetir: «He llegado. Estoy en casa». Estas palabras no son una mera declaración o una afirmación de la práctica. Reflejan que has tomado conciencia. No es necesario que huyas. Muchos de nosotros hemos huído durante todo nuestra vida. Y ahora podemos vivir la vida como es debido.

El hogar es el aquí y el ahora, donde todos los milagros de la vida se encuentran a nuestra disposición, donde contamos con la maravilla que es nuestro cuerpo. No puedes llegar al aquí y al ahora por completo si no te dedicas en cuerpo y mente al presente. Si no has llegado al cien por cien, detente en seco y no des otro paso más. Permanece ahí y respira hasta que estés seguro de que lo has hecho. Entonces, podrás esbozar una sonrisa triunfal. Aunque lo mejor es que solo lo hagas cuando disfrutes de un paseo consciente a solas; si estás acompañado, podrías provocar un atasco.

No necesitas que una aplicación o alguien te diga que has llegado a tu destino. Sabrás que lo has hecho porque te darás cuenta de que estás a gusto. Cuando camines desde el aparcamiento a la oficina, regresa a casa paso a paso. Reponte y conecta contigo mismo con cada paso que des. No importa adónde vayas: puedes caminar como un habitante libre del planeta tierra y disfrutar de todos tus pasos.

Caminar en la tierra cura nuestra soledad

La mayoría de nosotros seguimos un modo de vida que nos aísla de la tierra y de nuestro propio cuerpo. Muchos vivimos aislados de los demás. Los seres humanos podemos sentirnos sumamente solos. No solo estamos separados de la tierra y de los demás, sino también de nosotros mismos. Durante gran parte del día, no recordamos que tenemos un cuerpo. Pero si empezamos a practicar la respiración consciente y a escuchar a nuestro cuerpo, podremos observar con detalle y ver que la tierra nos rodea. Cuando tocamos la tierra, dejamos de sentirnos aislados de nuestro cuerpo o del cuerpo de la tierra.

Por lo general, consideramos que la tierra es nuestro «hábitat», pero, si nos fijamos, veremos que la tierra es una realidad viva y maravillosa. A menudo nos sentimos solos y olvidamos que podemos conectar directamente con la tierra. Cuando somos conscientes de los pasos que damos, podemos volver a ponernos en contacto con nuestro cuerpo y con el cuerpo de la tierra. Estos pasos pueden salvarnos de nuestro aislamiento.

Conectar con el sufrimiento

Cuando empezamos a practicar la respiración consciente y a escuchar a nuestro cuerpo, comenzamos a tomar consciencia del sufrimiento que hemos ignorado. Contenemos esos sentimientos en el cuerpo, y también en la mente. Nuestro sufrimiento ha intentado comunicarse con nosotros, hacernos saber que está ahí, pero hemos empleado gran parte de nuestro tiempo y energía en ignorarlo.

Cuando empezamos a respirar conscientemente, a veces sentimos soledad, tristeza, miedo y ansiedad. Si eso ocurre, no es necesario que hagamos algo de inmediato. Podemos seguir inhalando y exhalando. No debemos decirles a nuestros miedos que desaparezcan; tenemos que aceptarlos. No le decimos a nuestra ira que se vaya; la aceptamos. Estos sentimientos son como un niño pequeño que nos tira de la manga. Debemos tomarlos en brazos con ternura. Aceptar nuestros sentimientos sin juzgarlos ni rechazarlos, aceptarlos con conciencia plena, nos llevará de vuelta a casa.

El sufrimiento de nuestros antepasados

Sabemos que el sufrimiento que hay en nuestro interior contiene el sufrimiento de nuestros padres y nuestros antepasados. Es posible que nuestros ancestros no tuvieran la oportunidad de conocer la práctica de la conciencia plena, que les habría ayudado a transformar su dolor. Como consecuencia, nos han transmitido el sufrimiento con el que no han podido acabar. Si entendemos y transformamos ese sufrimiento, curaremos a nuestros padres y a nuestros antepasados, y también nos curaremos a nosotros mismos.

Nuestro sufrimiento es un reflejo del sufrimiento del mundo. La discriminación, la explotación, la pobreza y el miedo causan mucho dolor a quienes nos rodean. Este dolor también puede ser un reflejo del sufrimiento de otros. Es posible que actuemos movidos por el deseo de hacer algo para aliviar el sufrimiento del mundo. Pero ¿cómo podemos hacerlo sin comprender su origen? Si entendemos nuestro propio sufrimiento, nos resultará mucho más sencillo entender el de los demás y el del mundo. Puede que tengamos la intención de hacer algo o ser alguien que consiga que el mundo sufra menos, pero, a menos que escuchemos y aceptemos nuestro propio sufrimiento, seremos incapaces de ayudar.

La escucha profunda

La cantidad de sufrimiento que habita en nuestro interior y el que nos rodea puede ser abrumadora. Por lo general, no nos gusta estar en contacto con él porque creemos que es desagradable. El mercado nos provee de todo lo imaginable para ayudarnos a huir de nosotros mismos. Consumimos todos esos productos con el fin de ignorar y esconder el sufrimiento que existe en nuestro interior. Comemos sin tener hambre. Cuando vemos la televisión, aunque el programa no sea muy bueno, no tenemos el valor de quitarlo, porque sabemos que, una vez lo hagamos, tendremos que centrarnos de nuevo en nosotros mismos y contactar con nuestro sufrimiento. No consumimos porque necesitemos hacerlo, sino porque tenemos miedo de enfrentarnos al sufrimiento que habita en nuestro interior.

No obstante, existe una forma de contactar con el sufrimiento sin sentirnos abrumados por él. Intentamos eludir el sufrimiento, pero sufrir es útil. *Necesitamos* sufrir. Tenemos que retroceder, escuchar y entender que la compasión y el amor nacen de nuestro sufrimiento. Si dedicamos tiempo a escuchar profundamente nuestro sufrimiento, lo entenderemos. Todo sufrimiento del que no nos hayamos desprendido o con el que no nos hayamos reconciliado continuará. Hasta que no lo comprendemos y lo transformamos, no solo soportamos nuestro propio sufrimiento, sino también el de nuestros padres y nuestros antepasados. Ponernos en contacto con el sufrimiento que nos han legado nos ayudará a entender nuestro propio sufrimiento. Comprenderlo dará paso a la compasión. De ahí nacerá el amor y enseguida sufriremos menos. Si entendemos la naturaleza y el orígen de nuestro sufrimiento, el camino que nos lleva a su fin aparecerá ante nuestros ojos. Saber que existe una salida, un camino, nos aliviará, y ya no tendremos que tener miedo.

El sufrimiento trae la felicidad

Cuando entendemos nuestro sufrimiento, sentimos compasión. Si no lo entendemos, somos incapaces de comprender la felicidad. Si sabemos cómo ocuparnos del sufrimiento, sabremos cuidar la felicidad. Necesitamos sufrir para ser felices. El sufrimiento y la felicidad van siempre de la mano. Cuando consigamos entender el sufrimiento, entenderemos la felicidad. Si sabemos controlar el sufrimiento, sabremos controlar la felicidad y producirla.

Para crecer, el loto debe echar raíces en el barro. La compasión nace cuando entendemos nuestro sufrimiento. Todos deberíamos aprender a aceptar nuestro propio sufrimiento, a escucharlo y a estudiar con profundidad su naturaleza. Al hacerlo, permitimos que surja la energía del amor y la compasión. Cuando nace la energía de la compasión, nuestro sufrimiento se mitiga de inmediato. Cuando sufrimos menos, cuando sentimos compasión por nosotros mismos, entendemos más fácilmente el sufrimiento de otra persona y del mundo. A partir de ese momento, nuestra comunicación con los demás se basará en el deseo de entender, en lugar del deseo de demostrar que tenemos razón o de hacernos sentir mejor. Nuestra única intención será ayudar.

Entender nuestro propio sufrimiento
nos ayudará a entender a los demás

Conozco a una mujer de Washington D. C. que en una ocasión pensó en quitarse la vida porque no veía otra escapatoria al sufrimiento que sentía. No tenía esperanza. Tenía una relación muy difícil con su marido, y también con sus tres hijos. Una de sus amigas quería que asistiera a una de mis conferencias sobre la escucha profunda y el habla bondadosa. Ella se negó porque era católica y creyó que escuchar una enseñanza budista significaría que no era fiel a su fe.

La noche en que pensaba suicidarse, llamó a su amiga para despedirse. Ella le suplicó: «Antes de quitarte la vida, ven a despedirte. Toma un taxi». Ella lo hizo y, cuando llegó allí, su amiga le pidió como favor que escuchara una cinta antes de acabar con su vida. La mujer contestó a regañadientes: «Está bien, antes de morir, cumpliré tu deseo».

Después de oír la cinta, sintió curiosidad y decidió visitar un retiro de conciencia plena. Allí empezó a prestar atención a su sufrimiento de verdad. Antes de esa experiencia, la mujer pensaba que la única manera de acabar con él era suicidarse. Era demasiado doloroso como para prestarle atención. Pero aprendió a controlar la respiración para conectar con su sufrimiento. Descubrió que tenía muchas ideas equivocadas y que había alimentado mucha ira. Pensaba que su marido y su familia eran los responsables de su sufrimiento, pero entonces entendió que también ella era, en parte, responsable de su sufrimiento. Creía que su marido no sufría, que solo la hacía sufrir a ella. Pero entonces lo comprendió todo de forma distinta y entendió cuánto sufría su marido. Ese fue un gran logro. Cuando ves el sufrimiento que hay en ti, percibes también el sufrimiento de otra persona y el papel que has tenido, tu responsabilidad, a la hora de generar el sufrimiento que habita en tu interior y en el de la otra persona.

La noche que regresó del retiro, entró en casa y se sentó al lado de su marido. Aquello era algo nuevo para ella. Había estado sentada durante mucho tiempo cuando empezó a hablar. Dijo: «Sé que has sufrido muchísimo durante los últimos años. No he sabido ayudarte. Solo he empeorado la situación. No era mi intención hacerte sufrir. No te entendía. No me había dado cuenta de lo mucho que sufrías. Cuéntame tus problemas. Por favor, ayúdame a entenderte». Había aprendido a utilizar el habla bondadosa. Su marido empezó a llorar como un bebé, porque no le había hablado con tanta ternura en muchos años. Al principio, su relación había sido hermosa, pero se había ensombrecido a causa del resentimiento y las discusiones, y carecía de comunicación real. Aquella noche iniciaron el viaje hacia la reconciliación. Dos semanas más tarde, la pareja vino con sus hijos a contarme esta historia.

Quererte a ti mismo
es imprescindible para sentir compasión

Tendemos a creer que ya conocemos y entendemos muy bien a nuestros seres queridos, pero puede que no sea así. Si no entendemos nuestro sufrimiento ni nuestras percepciones, ¿cómo vamos a entender el sufrimiento de otra persona? No podemos estar lo bastante seguros como para entender todo sobre otra persona. Tenemos que preguntarnos: «¿Me entiendo a mí mismo? ¿Comprendo mi sufrimiento y conozco sus orígenes?».

Cuando empiezas a entender y a tener una nueva percepción de tu sufrimiento, tu capacidad para comprender a otra persona y comunicarte con ella aumenta. Si no te aceptas, si te detestas y te enfadas contigo mismo, ¿cómo vas a querer a otra persona y comunicarle amor?

Comprenderse a uno mismo es esencial para comprender a otra persona; quererse a uno mismo es esencial para querer a los demás. Una vez entiendas tu dolor, sufrirás menos y comprenderás el sufrimiento de otros con mayor facilidad. Cuando eres consciente del sufrimiento de otra persona y comprendes de dónde proviene ese sufrimiento, surge la compasión. Ya no tienes el deseo de castigar o culpar a la otra persona. Puedes escucharla profundamente y hablar con compasión y comprensión. La persona con la que hablas se sentirá mucho más cómoda, porque percibirá la comprensión y el amor que hay en tu voz.

El primer paso para entender nuestro sufrimiento y el origen del mismo es regresar a casa, volver a ser nosotros mismos. Una vez comprendamos nuestro sufrimiento y cómo ha surgido, estaremos en posición de comunicarnos con otros de modo que mitiguemos su dolor. Las relaciones dependen de nuestra capacidad de entender nuestras propias dificultades y aspiraciones, además de las de los demás.

Cuando vuelves a casa de verdad y te escuchas a ti mismo puedes aprovechar todos los momentos que la vida te brinda. Puedes disfrutar de todos ellos. Gracias a una buena comunicación interior, facilitada por la práctica de la respiración consciente, puedes empezar a entenderte a ti mismo, entender tu sufrimiento y entender tu felicidad. Si sabes cómo lidiar con tu sufrimiento, sabrás generar felicidad. Y si eres feliz de verdad, todos nos beneficiaremos. Necesitamos que haya gente feliz en el mundo.

3

Las claves para comunicarse con los demás

Cuando conectas contigo mismo, empiezas a conectar en mayor profundidad con los demás. Si no has dado el primer paso, dar el segundo es imposible. No olvides dedicar algo de tiempo en tu día a día a comunicarte contigo mismo.

Todos seguimos haciéndonos ideas erróneas y sufriendo. Deberíamos ser conscientes de que el sufrimiento que todavía debemos curar y nuestras percepciones también están presentes cuando nos comunicamos con los demás. Si somos conscientes de nuestras inhalaciones y exhalaciones, recordaremos que el objetivo de la comunicación compasiva es ayudar a otros a mitigar su sufrimiento. Si recordamos esto, ya lo habremos conseguido. Ya estaremos contribuyendo a que haya más alegría y menos sufrimiento.

Decir hola

Cuando iniciamos una conversación con otra persona es importante recordar que dentro de cada uno de nosotros hay un Buda. «Buda» es solo un nombre para designar a la persona más comprensiva y compasiva que uno pueda llegar a ser. Pero puedes llamarlo como prefieras, por ejemplo «sabiduría» o «Dios». Podemos respirar, sonreír y caminar de forma que esa persona que hay en nuestro interior tenga oportunidad de manifestarse.

En Plum Village, donde vivo, cada vez que te encuentras con alguien de camino a algún sitio, juntas la palma de las manos e inclinas la cabeza hacia la otra persona en señal de respeto, porque sabes que, en su interior, habita un Buda. Incluso si esa persona no se parece a un Buda o no actúa como uno, tiene la capacidad de amar y ser compasivo. Si sabes hacer una reverencia con respeto y frescura, ayudarás a que el Buda que hay dentro de él o ella salga a la superficie. Juntar las palmas de las manos e inclinar la cabeza no es un mero ritual, es un despertar.

Mientras alzas las manos y las juntas, inhala y exhala conscientemente. Forma una flor con las manos, un capullo de loto. Si actúas con un propósito genuino, es muy probable que veas las posibilidades de la otra persona. Mientras respiras, podrías repetir en silencio:

Un loto para ti.
Un futuro Buda.

Cuando juntes las palmas, deberías estar concentrado para no realizar la práctica de forma mecánica. La flor de loto de tus manos es una ofrenda a la persona que tienes delante. Cuando te inclinas, reconoces la belleza de la otra persona.

En muchos países asiáticos, cuando conocemos a una persona no le estrechamos la mano como ocurre en Occidente. Juntamos las palmas e inclinamos la cabeza. Hace unos ciento sesenta años, los franceses llegaron a Vietnam y nos enseñaron a estrechar la mano. Al principio pensábamos que era un saludo extraño, pero aprendimos con bastante rapidez. Ahora, aunque todos sabemos estrechar la mano, todavía nos gusta juntar las palmas de las manos e inclinar la cabeza, en especial cuando nos encontramos en el templo. Puede que no sea apropiado juntar la palma de las manos delante de todas las personas que veas en tu día a día o en el trabajo, pero, aun así, puedes mirarlas a los ojos. Mientras sonríes, los saludas o les estrechas la mano, puedes ofrecerles una flor de loto en tu mente, un recuerdo de la naturaleza de Buda que hay en todos nosotros.

Las dos claves de la comunicación compasiva

Nos comunicamos para que nos entiendan y para entender a los demás. Si hablamos y nadie nos escucha (tal vez ni siquiera nosotros mismos), no nos comunicamos de manera eficaz. Para que la comunicación sea efectiva y real, existen dos claves. La primera es la escucha profunda. La segunda es el habla bondadosa. La escucha profunda y el habla bondadosa son los mejores instrumentos que conozco para establecer y restaurar la comunicación con otras personas y mitigar el sufrimiento.

Todos queremos que nos entiendan. Cuando interactuamos con otra persona, en particular si no somos plenamente conscientes de nuestro sufrimiento y no nos hemos escuchado bien a nosotros mismos, nos ponemos en tensión porque queremos que los demás nos entiendan inmediatamente. Pero dirigirse a una persona así en primer lugar no suele funcionar. Primero es necesaria la escucha profunda. Ser plenamente consciente del sufrimiento, reconocer y aceptar el sufrimiento que habita dentro de nosotros mismos y en la otra persona dará lugar al entendimiento necesario para que se establezca una buena comunicación.

Cuando escuchamos a alguien movidos por el deseo de que sufra menos, practicamos una escucha profunda. Cuando escuchamos con compasión, no nos dejamos llevar por nuestros prejuicios. Puede que nos formemos algún prejuicio, pero no debemos aferrarnos a él. La escucha profunda tiene el poder de ayudarnos a crear un momento de júbilo, un momento de felicidad, y a ayudarnos a lidiar con una emoción dolorosa.

Ahora es el momento de escuchar

La escucha profunda es una práctica maravillosa. Si eres capaz de escuchar a alguien durante treinta minutos con compasión, podrás ayudarlo a sufrir mucho menos. Si no practicas la compasión con conciencia plena, no escucharás durante mucho tiempo. Practicar la compasión conscientemente significa escuchar con una sola intención: ayudar a la otra persona a sufrir menos. Puede que tu intención sea sincera, pero si no te has escuchado a ti mismo antes y no practicas la conciencia plena de la compasión, quizá pierdas la habilidad de escuchar rápidamente.

Es probable que la otra persona diga palabras cargadas de ideas erróneas, rencor, acusación y culpa. Si no practicamos la conciencia plena, esas palabras nos provocarán irritación, desconfianza e ira, y perderemos la capacidad de escuchar compasivamente. Cuando la irritación o la ira hacen acto de presencia, somos incapaces de escuchar. Por eso debemos practicar, para que, durante todo el tiempo que dure la escucha, la compasión permanezca en nuestro corazón. Si mantenemos viva la compasión, no regaremos las semillas de la ira ni la crítica que hay en nuestro corazón y estas no brotarán. Primero, debemos entrenarnos para escuchar a la otra persona.

No pasa nada si en algún momento no estás preparado para escuchar. Si la calidad de tu escucha no es lo bastante buena, lo mejor es que te detengas y continúes otro día; no te exijas demasiado. Practica la respiración consciente y el caminar consciente hasta que estés listo para escuchar de verdad a la otra persona. Puedes decirle: «Quiero escucharte cuando esté lo mejor posible. ¿Te parecería bien que continuáramos mañana?».

Entonces, cuando estemos listos para escuchar profundamente, podremos hacerlo sin interrupciones. Si tratamos de interrumpir o corregir a la otra persona, transformaremos la sesión en un debate y lo estropearemos. Después de que hayamos escuchado profundamente y permitido que la otra persona exprese todo lo que alberga en su corazón, tendremos la oportunidad de darles la información que necesitan para corregir su impresión, pero aún no. Ahora solo debemos escuchar, incluso si la persona dice cosas que no están bien. La práctica de la compasión consciente nos permitirá seguir escuchando profundamente.

Tenemos que tomarnos nuestro tiempo para ver el sufrimiento de la otra persona. Debemos estar preparados. La escucha profunda solo tiene un propósito: ayudar a los demás a mitigar su sufrimiento. Aunque una persona diga cosas malas, exprese rencor o culpe a otros, sigue escuchándola con compasión durante el máximo tiempo posible. Puede que necesites repetirte esto a ti mismo como recordatorio:

Estoy escuchando a esta persona solo con un propósito: darle la oportunidad de sufrir menos.

Mantén el propósito de escuchar profundamente vivo en tu corazón y en tu mente. Siempre y cuando habite en tu interior la energía de la compasión, estarás a salvo. Estarás a salvo de verdad aunque lo que diga la otra persona esté repleto de ideas erróneas, rencor, ira, culpa y acusaciones.

Recuerda que el discurso de la otra persona puede basarse en prejuicios y malentendidos. Más adelante tendrás la oportunidad de ofrecerle información para que pueda corregir su percepción, pero ahora no. Ahora es momento de escuchar. Si puedes mantener la compasión consciente viva durante al menos treinta minutos, la energía de la compasión te inundará y estarás a salvo. Siempre y cuando la compasión esté presente, escucharás con serenidad.

Sabes que la otra persona sufre. Cuando no sabemos cómo lidiar con el sufrimiento que nos invade, seguimos sufriendo y hacemos que la gente que nos rodea también sufra. Cuando una persona no sabe enfrentarse a su sufrimiento, se convierte en una víctima del dolor. Si absorbemos su crítica, miedo e ira, nos convertiremos en la segunda víctima. Pero si escuchamos profundamente y entendemos que lo que dice tiene su origen en el sufrimiento, entonces nuestra compasión nos protegerá.

Quieres ayudarlos a que sufran menos. Ya no los culparás ni juzgarás.

El amor nace de la compasión

Si escuchas profunda y compasivamente, comienzas a entender a la otra persona más a fondo y fomentas el amor. La base del amor es la comprensión, y eso significa, ante todo, entender el sufrimiento. Todos nosotros tenemos sed de comprender. Si de verdad queremos amar a alguien y hacer a esa persona feliz, tenemos que comprender su sufrimiento. Gracias a la comprensión, el amor se intensificará y se convertirá en amor verdadero. Escuchar el sufrimiento es un ingrediente esencial para generar comprensión y amor.

Defino la felicidad como la capacidad de entender y amar, porque, sin comprensión ni amor, la felicidad no existiría. No recibimos bastante comprensión y amor, y por eso sufrimos tanto. Es cuanto anhelamos.

La compasión y el amor nacen de la comprensión. ¿Cómo puedes amar a alguien sin entenderlo? ¿Cómo puede un padre amar a su hijo si no entiende el sufrimiento y los problemas por los que pasa su hijo? ¿Cómo puede alguien hacer feliz a su pareja sin conocer el sufrimiento y las dificultades que tiene esa persona?

¿Te comprendo lo bastante?

Si quieres hacer feliz a alguien, deberías hacerte la siguiente pregunta: «¿Lo comprendo lo suficiente?», «¿La comprendo lo bastante?». Muchas personas son reacias a hablar por miedo a que lo que digan se malinterprete. Hay personas que sufren tanto que no son capaces de hablarnos del sufrimiento que les acompaña. Y los demás tenemos la impresión de que no ocurre nada malo... hasta que es demasiado tarde.

Esperar conlleva graves consecuencias. Muchas personas se aíslan, ponen fin a una amistad o una relación, o incluso se quitan la vida. Puede que algo haya molestado a esa persona durante mucho tiempo, pero haya fingido que todo iba bien. Es posible que el miedo o el orgullo se interpongan. Si escuchamos y observamos con conciencia plena y concentración, puede que descubramos que esa persona alberga un dolor enorme en su interior. Veremos que ha sufrido muchísimo y que no sabe cómo enfrentarse al dolor que lleva por dentro. Por eso todavía sufre y hace que otras personas también sufran. Cuando nos damos cuenta de ello, nuestra ira desaparece de repente. Y, entonces, nace la compasión. Comprenderás que sufre y necesita ayuda, no un castigo.

Si lo necesitas, puedes pedir ayuda. Puedes decir: «Querido X, me gustaría entenderte mejor. Quiero comprender tus problemas y tu sufrimiento. Quiero escucharte porque quiero quererte». Cuando dedicamos tiempo a observar con profundidad, puede que veamos por primera vez el gran bloque de sufrimiento de esa persona. Alguien puede fingir que no sufre, pero no es cierto. Cuando escuchas con compasión, los demás tienen la oportunidad de contarte los obstáculos a los que se enfrentan.

En el contexto de cualquier relación, quizá debas comprobar que has entendido bien a la otra persona. Si se trata de una relación armoniosa, una relación en la que la comunicación es buena, entonces habrá felicidad. Si hay comunicación y armonía, quiere decir que hay comprensión mutua. No esperes a que la otra persona se haya ido o a que esté furiosa para preguntarle: «¿Crees que te comprendo lo bastante?». La otra persona te lo dirá si no lo has hecho. Sabrá si eres capaz de escuchar con compasión. Podrías decir: «Por favor, dímelo; por favor, ayúdame. Porque sé muy bien que, si no te entiendo, cometeré muchos errores». Así es el lenguaje del amor.

La pregunta: «¿Crees que te conozco lo bastante?» no solo es válida en relaciones amorosas, sino que sirve también para amigos, familiares y cualquier persona que te importe. Hasta podría ser útil en el ámbito laboral. Si vives con un familiar, tu pareja o un amigo, puede que creas que, como ves a esa persona todos los días, sabes mucho sobre él o ella. Pero eso no es cierto. Solo conoces una parte de esa persona. Puede que hayas convivido con alguien durante cinco, diez, o veinte años, pero quizá no has observado profundamente a esa persona como para entenderla. Y es posible que incluso hayas hecho lo mismo contigo mismo. Has convivido contigo mismo toda tu vida. Creemos que ya entendemos quiénes somos. Pero a menos que nos hayamos escuchado profundamente, con compasión y curiosidad y sin juzgar, lo más probable es que no nos conozcamos en absoluto.

Si esperas a que un familiar fallezca, será demasiado tarde para pedirle que comparta más detalles sobre sí mismo. Es muy bonito que un niño de cualquier edad se siente junto a sus padres y les pregunte sobre sus experiencias, sufrimientos y fuentes de felicidad. Siéntate y escucha. Si respiramos conscientemente y nos escuchamos a nosotros mismos, nuestra capacidad de escuchar y observar aumentará en profundidad y puede que tengamos la posibilidad de comunicarnos y conectar mucho mejor con nuestros padres y seres queridos.

Cuando vemos que una persona sufre por dentro, nuestro corazón se llena de compasión. Puede que queramos hacer algo para ayudar a que la otra persona sufra menos. La escucha compasiva y el habla bondadosa cambiarán por completo la situación. Después, podremos sentarnos junto a esa persona y debatir qué medidas debemos tomar para ayudarla con sus problemas, si es que hay alguna. La escucha compasiva no es la única medida que debemos tomar cuando alguien sufre, pero casi siempre es el primer paso.

El habla bondadosa

Cuando tienes que dar una mala noticia a alguien, contar la verdad puede resultar difícil. Si no practicas el habla consciente, la otra persona puede enfadarse o angustiarse después de oír tu «verdad». Podemos entrenarnos para contar la verdad de forma que, al final, la otra persona sea capaz de aceptarla.

Cuando hablas, intentas decirles a los demás la verdad sobre tu sufrimiento y el suyo; en eso consiste el habla bondadosa. Hablas de forma que ayudas a los demás a reconocer el sufrimiento que habita en nuestro interior. Debemos de ser hábiles. Quien hable ha de ser consciente y usar las palabras con el objetivo de ayudar a quien escucha a no dejarse llevar por impresiones equivocadas. El oyente debe tener cuidado de no dejarse llevar por las palabras que se han pronunciado o las ideas que se han brindado. Tanto el hablante como el oyente deben poner en práctica la conciencia plena y sus destrezas.

Como ya has practicado la escucha compasiva, sabes que lo que digas puede aportarte una nueva visión y una mayor comprensión. Si somos más comprensivos, podemos ayudar de verdad a que la otra persona sufra menos, y vuestra comunicación será más eficaz. Si hablas con mayor delicadeza es porque estás dispuesto a ayudar. La forma en que nos comunicamos ya hace que la otra persona se sienta mucho mejor.

Las palabras que pronunciamos son un sustento. Podemos usar palabras que nos nutran a nosotros mismos y a nuestro interlocutor. Lo que digas, lo que escribas, solo debería expresar compasión y comprensión. Tus palabras pueden inspirar confianza y franqueza en la otra persona. Gracias al habla bondadosa, la generosidad puede practicarse de maravilla. Para practicar la generosidad no hace falta que gastes dinero. En el budismo, al habla bondadosa se la conoce también como el habla correcta. En nuestra vida cotidiana, el habla correcta es aquella que nos nutre a nosotros y a quienes nos rodean.

El habla incorrecta

Denominamos «habla correcta» al habla bondadosa porque sabemos que el habla incorrecta provoca sufrimiento. Nuestro habla puede causar mucho dolor si usamos palabras crueles, falsas o violentas. El habla incorrecta es el tipo de habla que carece de sinceridad y cuyos fundamentos no se basan en la comprensión, la compasión y la reconciliación.

Cuando escribimos una nota o una carta, cuando hablamos por teléfono, lo que escribimos o decimos debería ser habla correcta que transmita nuestras percepciones, nuestra comprensión y nuestra compasión. Cuando practicamos el habla correcta, nos sentimos bien tanto física como mentalmente. Y nuestro oyente también se siente bien. Es posible poner en práctica el habla correcta, el habla de la compasión, la tolerancia y el perdón varias veces al día. No cuesta nada y es extremadamente curativa.

Los cuatro elementos del habla correcta

El habla bondadosa y verdadera puede traer mucha alegría y paz a las personas. No obstante, para producir el habla bondadosa es necesario practicar, porque no estamos familiarizados con ella. Cuando escuchamos tantas palabras que nos provocan ansias, inseguridad e ira, nos acostumbramos a hablar de ese modo. El habla bondadosa y verdadera es algo para lo que debemos entrenarnos.

En el budismo hay una práctica denominada «los diez caminos del bodhisattva». Cuatro de los diez están relacionados con el habla correcta. Un bodhisattva es un ser que busca la iluminación y que ha dedicado toda su vida a aliviar el sufrimiento de todos los seres vivos.

Una revelación es siempre la revelación de algo. Empezar a comprender la naturaleza y el origen de tu sufrimiento es un tipo de revelación espiritual y mitiga tu dolor de inmediato. Hay algunas personas que son muy críticas consigo mismas porque no han entendido su propio sufrimiento. Cuando nos convertimos en un bodhisattva, dejamos de culparnos a nosotros mismos o a los demás.

Un bodhisattva es alguien que puede expresarse mediante el habla bondadosa y amable, y que escucha con compasión. Cualquiera puede convertirse en un bodhisattva si se entrena con esmero. No tienes que practicar durante diez años para convertirte en un bodhisattva. Dedica algo de tiempo todos los días, aunque solo sean cinco o diez minutos, a sentarte, practicar la respiración consciente y escucharte a ti mismo.

A continuación, encontrarás las cuatro directrices de los diez caminos del bodhisattva que se relacionan con el habla correcta:

1. Di la verdad. No mientas ni tergiverses la verdad.
2. No exageres.
3. Sé consistente. Es decir: no hables a una persona de una manera y a otra de forma totalmente distinta por motivos egoístas ni para manipular.
4. Usa un lenguaje pacífico. No utilices palabras ofensivas ni violentas, un habla cruel, insultos ni condenas.

Di la verdad

El primer camino del habla correcta es decir la verdad. No debemos mentir. Tenemos que tratar de no decir cosas que no son ciertas. Si creemos que la verdad es demasiado sobrecogedora, buscaremos una forma hábil y bondadosa de decir la verdad, pero debemos respetarla. Algunas personas maltratan verbalmente a otras y las hacen sufrir para después afirmar: «Solo digo la verdad». Pero dicen la «verdad» de forma violenta y a modo de agresión. A veces pueden incluso causar un gran dolor a otra persona.

Cuando dices la verdad, algunas veces el resultado no es el que esperabas. Debes adentrarte en la mente de la otra persona para saber cómo puedes decir la verdad sin que se sienta amenazada, para que escuche. Debes intentar decir la verdad de un modo bondadoso y protector. Es importante recordar que lo que piensas que es la verdad podría ser una de tus impresiones incompletas y erróneas. Crees que es la verdad, pero puede que solo tengas una impresión parcial; que algo bloquee la verdad.

Mentir es peligroso, porque algún día la otra persona podría descubrir la verdad. Eso podría ser una catástrofe. Así que, si no queremos mentir y no queremos provocar dolor a nadie, tenemos que ser conscientes de nuestras palabras y encontrar una manera hábil de decir la verdad. Hay muchas formas de decir la verdad; es un arte.

La verdad es la base sólida de una relación duradera. Si no construyes tu relación sobre la verdad, tarde o temprano se desmoronará. Debemos encontrar la mejor forma de decir la verdad para que la otra persona pueda aceptarla fácilmente. A veces hasta las palabras más habilidosas pueden provocar dolor. No pasa nada. El dolor puede curarse. Si hablas con compasión y comprensión, la herida sanará mucho más rápido.

El sufrimiento puede ser beneficioso. Puede haber bondad en el sufrimiento, pero no queremos hacer que la otra persona sufra innecesariamente. Podemos minimizar el golpe y el dolor. Intentamos expresar la verdad de manera que los demás nos oigan sin sufrir demasiado. Lo importante es que se sientan a salvo. Puede que no la entiendan, o puede que les lleve cierto tiempo entenderla. Es posible que incluso tengan una percepción distinta a la nuestra.

A veces puedes empezar contando otra historia, la historia de alguien cuya situación sea similar a la de la persona a la que te diriges, para que tu oyente pueda acostumbrarse a la idea. Es mucho más fácil escuchar la historia de otra persona. Puedes decir: «¿Qué opinas? ¿Crees que a esa persona le vendría bien saber la verdad o no?». Normalmente, la otra persona responde: «Sí, es bueno que sepa la verdad». A veces la persona con la que hablas llegará a la conclusión por su cuenta y aprenderá del ejemplo de la otra persona. Es necesario practicar mucho para decir la verdad de manera que la otra persona quiera escucharla.

No exageres

La segunda parte del habla correcta consiste en abstenerse de inventar y exagerar. A veces, quieres hablar de una nimiedad, pero exageras y la conviertes en algo grandioso. Por ejemplo, si alguien comete un error y lo exageras, lo conviertes en algo muchísimo peor. Cuando hablamos con nosotros mismos, algunas veces hacemos que algo parezca muy trágico para justificar e incluso alimentar nuestro enfado. Puede que haya algo de verdad detrás de tus palabras, pero, al magnificar lo que ha hecho la otra persona, ofreces una imagen errónea de ella. Puede parecer inofensivo, pero te aleja de la verdad y acaba con la confianza de la relación.

Sé consistente

El tercer tipo de discurso incorrecto es lo que en vietnamita llamamos «lengua viperina» o «lengua doble». Esto consiste en decir algo a una persona y, después, cuando hablas del mismo tema con otra persona, contarle a esta algo distinto para obtener algún beneficio. Hablas de la misma situación, pero de formas opuestas. Esto genera discrepancias y puede hacer que una persona o un grupo piense mal de la otra persona o grupo cuando ni siquiera tiene fundamento. Esto puede causar sufrimiento en ambos bandos e incluso enfrentarlos. Practicar el habla correcta requiere ser fiel a tu palabra y no cambiar el contenido del discurso para aprovecharse o para quedar mejor.

Usa un lenguaje pacífico

El cuarto aspecto del habla correcta es abstenerse de utilizar un lenguaje violento, acusatorio, ofensivo, humillante o crítico.

Los cuatro criterios

En los tiempos de Buda, la gente se dejaba llevar por construcciones mentales e interpretaba las enseñanzas de formas que el profesor no había planeado. Buda y sus estudiantes fijaron cuatro principios que toda enseñanza debía incluir. Estos cuatro criterios son muy útiles hoy en día a la hora de evaluar si usamos el habla correcta y contamos la verdad eficazmente. Los cuatro principios son los siguientes:

1. Debemos hablar el lenguaje del mundo.
2. Podemos hablar de forma distinta a gente distinta, de forma que se reflejen su forma de pensar y su habilidad para recibir las enseñanzas.
3. Impartiremos las enseñanzas de acuerdo con la persona, la época y el lugar en el que se inscriban, igual que un doctor receta la medicina adecuada según el caso.
4. Enseñaremos de forma que reflejemos la verdad absoluta.

El primer criterio: hablar el lenguaje del mundo

El primer criterio se basa en entender la forma mundana de ver las cosas, la perspectiva mundana. A veces debemos usar el lenguaje que la gente emplea y la perspectiva desde la que ven las cosas. Si no empleas el lenguaje del mundo, la mayoría de las personas no entenderán lo que quieres decir y solo podrás comunicarte con las personas que ya piensen como tú. Esto no significa que debas aprender vietnamita o árabe, sino que debes hablar de modo que la gente te entienda, basándote en su experiencia diaria.

Por ejemplo, estamos acostumbrados a decir que el cielo está «arriba» y la tierra «abajo». Cuando nos sentamos, decimos que lo que está por encima de nosotros es «arriba» y lo que está debajo de nosotros es «abajo». Pero para aquellos que estén sentados al otro lado del planeta, nuestro abajo es su arriba y nuestro arriba es su abajo. Lo que es arriba y abajo en este rincón del planeta no es el arriba y el abajo en cualquier otro lugar de la tierra. Por lo tanto, «arriba» y «abajo» son una verdad, pero una verdad relativa. Podemos usarlo como parte de nuestro lenguaje común, para comunicarnos unos con otros, sin necesidad de tener un debate prolongado sobre lo que significa «arriba» y «abajo» cada vez que conversamos.

El segundo criterio: habla de acuerdo con el conocimiento de la persona que te escuche

El segundo criterio afirma que es posible hablar a cada persona de forma distinta. Eso no significa contradecir al elemento del habla correcta que nos impide hablar con una lengua viperina (utilizar un lenguaje ambiguo). Debemos asegurarnos de que el contenido sea veraz y siempre el mismo, pero hemos de ser conscientes de la perspectiva y la comprensión de la persona con la que hablamos en todo momento, para que los demás tengan la oportunidad de escuchar de verdad lo que se les dice. Si te diriges a una persona de una manera, con otra persona deberás hablar de forma distinta. Tendrás que mirar profundamente a la persona para conocer su forma de entender las cosas y hablar de una forma que tenga esto en cuenta para que todos entiendan lo que dices. Si la comprensión de alguien es profunda, lo tendrás en consideración a la hora de dirigirte a ellos.

En una ocasión, alguien le preguntó a Buda: «Cuando una persona fallece, ¿a qué cielo crees que va?». Buda respondió que la persona podría nacer en otro mundo divino. Más tarde, otra persona le preguntó a Buda: «Cuando una persona muere, ¿adónde va?». Buda contestó: «A ninguna parte». Alguien que lo había escuchado todo de cerca le preguntó a Buda por qué le había dado dos respuestas distintas a dos personas diferentes. Buda dijo que su respuesta dependía de la persona que preguntara. Afirmó: «Tengo que responder en función de la mente de la persona que escuche y de la habilidad de esa persona para aceptar lo que comparto».

Hay un relato de un hombre que entregó a una mujer un cántaro de leche por la mañana. Al final del día, el hombre fue a ver a la mujer para recuperarla. Durante el día, habían utilizado la leche para elaborar mantequilla y queso. El hombre protestó: «Pero yo te he dado leche, y tú me has devuelto mantequilla y queso». ¿Es la leche lo mismo que la mantequilla o es algo distinto? No es lo mismo, pero tampoco es distinto.

A aquellos que comprenden con mayor profundidad, debemos darle una respuesta más profunda, una respuesta que refleje que nada es permanente y que todo cambia constantemente. Por eso, las enseñanzas que compartas y la forma en que hables dependerán del grado de sabiduría de la persona que las recibirá y de su habilidad para entender tu mensaje. Debes hablar de acuerdo con la formación y las habilidades de la persona a quien te diriges.

El tercer criterio: recetar el medicamento
más indicado para la enfermedad

El tercer criterio se basa en recetar el mejor medicamento para la enfermedad. Si le recetas el medicamento equivocado a alguien, esa persona podría morir. Así pues, cada persona deberá recibir un medicamento específico. Cuando sientas apego, anhelo o desesperación, recuerda que eres tu propio maestro. Recuerda que puedes centrarte en esas emociones fuertes y comunicarte la cura que necesitas.

No pienses que si oyes o lees algo que te inspire, debes repetirlo palabra por palabra. Piensa en cómo puedes hacer que las verdades que has escuchado resuenen en las tuyas. De manera similar, también debes conocer la mente y la formación de la persona a quien te diriges. Si compartieras con otra persona las enseñanzas que has oído, puede que no sean las más indicadas para esa persona. Tienes que adaptar tu mensaje a la formación de los demás. Pero lo que digas también debe reflejar la verdadera enseñanza. Por eso, debemos emplear el lenguaje mundano, pero no un lenguaje mundano cualquiera. Tu lenguaje debe adaptarse a la situación y no desviarse de la verdad al mismo tiempo.

Piensa en el modo en que hablamos a los niños de la muerte y la violencia del mundo. ¿Les contamos la verdad de manera distinta a la que lo haríamos con un adulto? Durante una visita a un museo, entré en una sala en la que exponían el cuerpo momificado de un ser humano. Había una niña pequeña mirando el cuerpo. Después de que ambos lo miráramos durante un rato, me preguntó con una mirada cargada de terror algo parecido a: «¿Yo también estaré tumbada así en una mesa algún día?». Inhalé y exhalé, y le di la única respuesta apropiada a la situación: «No». Espero que algún día un padre sabio o un amigo sea capaz de hablar con ella sobre la impermanencia de las cosas, incluidos el cuerpo y la enseñanza profunda de Buda, que decía que nada deja de existir por completo, que nada pasa de existir a dejar de existir. Pero ese no era ni el momento ni el lugar para que se lo explicaran, así que le di la mejor respuesta que podía darle en aquellas circunstancias: «No».

Incluso cuando hablamos con adultos, nuestro mensaje puede variar según lo frágiles que creamos que se muestran nuestros oyentes con respecto a ciertos temas. Queremos compartir información de forma que quien la reciba sepa integrarla y utilizarla más adelante, aunque no sea enseguida. Esto no es mentir; es decir la verdad de forma habilidosa. En una ocasión, un hombre que pertenecía a la tradición jainista le preguntó a Buda si existía el yo. Buda podría haber respondido que no hay un yo, sin embargo se quedó en silencio. Acto seguido, el hombre añadió: «Entonces, ¿no existe el yo?». Buda siguió en silencio. Más tarde, Ananda le preguntó a Buda: «¿Por qué no le has dicho que no hay un yo?». Buda contestó: «Sé que tiene sus propias ideas. Si le hubiera dicho que no hay un yo, se habría sentido perdido y habría sufrido mucho. Por eso, aunque según nuestras enseñanzas no existe el yo, era mejor que me quedase callado».

El cuarto criterio: reflejar la verdad absoluta

El cuarto criterio es la verdad absoluta, la visión más profunda de todo, y puede encontrarse en afirmaciones como «El yo no existe» o «El nacimiento y la muerte no existen». La verdad absoluta es correcta; es lo más cercano que existe a una descripción de la máxima realidad, pero puede hacer que las personas se sientan perdidas si no han tenido un maestro que les haya explicado las profundidades de dicha verdad para que la asimilen. Por eso, cuando necesitemos decir algo que será duro de escuchar para los demás, tenemos que ser humildes e intentar observarlos cada vez más a fondo para descubrir de qué forma podemos abordar el tema.

Existen diversas verdades absolutas, como, por ejemplo, los conceptos de no nacimiento y no muerte, que son muy difíciles de asimilar en nuestra forma de pensar y nuestras vidas cotidianas. No obstante, si nos enseñan algo simple, como una nube, comprendemos fácilmente que la nube no «nace» ni «muere», simplemente cambia de forma. Quizá pensamos que las verdades absolutas son abstractas, pero las encontramos a nuestro alrededor, en la naturaleza, si observamos profundamente o tenemos un maestro o compañero con quien podamos hablar de lo que observamos.

Si sigues estos cuatro principios, no te sentirás confuso al leer o escuchar ciertas cosas. Estos criterios también pueden ayudarte a escuchar bien a los demás y a expresarte eficazmente en tu día a día, ya sea en una conversación amistosa, cuando hables o escuches a un grupo o al leer un texto secular o religioso. Comprenderás la verdad en cualquier situación y sabrás cuál es la mejor respuesta.

Esta práctica no consiste solo en saber cómo hablar, sino también en cómo escuchar. Debemos prestar atención a lo que ocurre con nuestra mente y nuestra lengua, pero también con nuestro oídos. Cuando escuchamos más profundamente y vemos con mayor claridad, nace la compasión y empleamos un habla consciente que refleja nuestras intenciones sinceras y bondadosas. En lugar de hablar de forma cruel, empezamos a escuchar con compasión.

Cuando somos capaces de escuchar con compasión el sufrimiento de otra persona, también nos vemos beneficiados. La compasión nos hace felices y nos tranquiliza. Al escuchar con compasión entendemos cosas que no comprenderíamos si nos dejáramos llevar por la ira.

Escuchar profundamente es igual de bondadoso que observar profundamente. De esta manera, no solo miramos con los ojos, sino también con los oídos. Cuando observamos con los ojos, contemplamos el sufrimiento. Cuando observamos con los oídos, oímos las vibraciones de las palabras de la otra persona. En vietnamita, al bodhisattva Avalokiteshvara se lo conoce como Quan The Am (en chino, Guan Yin). «Quan» significa «contemplar profundamente»; «the» significa «mundo» y «am» significa «sonido». Quan The Am escucha cualquier sonido, cualquier sufrimiento que existe en el mundo. Cuando escuchas de ese modo, la compasión nace en ti y obtienes paz. Por favor, escucha con mucha compasión. Aunque estés triste porque has recibido malas noticias, la compasión te calmará los nervios y te tranquilizará.

Ayuda a los demás a entender

Durante mi último viaje a India, me propusieron ser el editor invitado del *Times of India,* el periódico más importante del país. Fue en octubre del 2008, durante las jornadas de conmemoración a Gandhi. Estaba reunido con los editores habituales cuando nos dieron la noticia de que había tenido lugar un atentado terrorista en Bombay, cerca de la frontera con Pakistán, en el que habían fallecido muchas personas.

Los editores me preguntaron: «Si fueras un periodista de nuestra época, ¿cómo informarías de lo que ocurre en el mundo cuando hay tantas malas noticias y tan pocas buenas? ¿Qué tipo de periodistas deberíamos ser?». Es una pregunta difícil. Los reporteros deben informar de los sucesos. Pero si los periodistas que informan solo escriben desde la conmoción, el miedo y la ira, acentuarán el miedo y el enfado del lector, y probablemente generarán más violencia. Así que, ¿qué podemos hacer cuando recibimos noticias como esa?

No respondí de inmediato. Me centré en inhalar y exhalar. Me quedé en silencio durante un buen rato, y ellos también. Entonces dije: «Tenéis que decir la verdad. Pero no debéis regar las semillas del miedo, la ira ni la venganza de la gente. Como profesionales, tenéis que sentaros, observar profundamente y preguntaros: "¿Por qué iba alguien a atacar violentamente a gente inocente?"». Cuando hayas observado profundamente, verás que aquellos que cometen actos violentos tienen una percepción errónea de la situación. Están seguros de que su percepción es la verdadera. Y a veces creen que, si mueren en la explosión, irán directamente al cielo para reunirse con Dios.

Todo el mundo quiere vivir; nadie quiere morir. Pero esta gente cree que, al asesinar a otras personas y morir, siguen la voluntad de Dios. Creen que los del otro bando son enemigos de Dios. Es evidente que esta forma de pensar es incorrecta, por lo que sentimos una gran compasión por ellos. El que tiene un punto de vista así tiene una vida lúgubre y sufre muchísimo. Hay muchas percepciones erróneas a nuestro alrededor. Mientras persistan esas percepciones erróneas, el número de terroristas solo irá en aumento. Será muy difícil encontrarlos y controlarlos a todos.

Si se destruye violentamente un grupo terrorista, surgirá otro; es un ciclo sin fin. Así que les dije a los editores: «Cuando informéis de actos terroristas, utilizad la compasión y la comprensión profunda. Explicad la historia de forma que el lector no enfurezca y acabe convirtiéndose en otro terrorista».

Podemos decir la verdad, pero debemos ayudar a la gente a comprender. Cuando la gente entiende, su enfado disminuye. No perderán la esperanza, sabrán qué hacer y qué no, y qué consumir y qué no consumir para evitar continuar con ese sufrimiento. Mi mensaje aquella mañana fue que deberíamos reflejar y hablar de los hechos sin aumentar la desesperación y la ira de los demás. Por el contrario, podemos ayudarlos a entender por qué ocurren las cosas para que su perspicacia y su compasión incrementen. Al poner en práctica la observación profunda, podemos marcar una gran diferencia. Ocultar la verdad no es la solución.

Usar el habla correcta en la vida cotidiana

Las cuatro enseñanzas del habla correcta nos recuerdan todos los días que debemos usar palabras para luchar contra la discriminación y expresar perdón, comprensión, apoyo y amor. Decir o escribir algo mediante un discurso compasivo es realmente liberador. Hablar de esa manera es igual de curativo para el orador que para su oyente. Estas cuatro enseñanzas nos recuerdan también que todo lo que decimos contiene veneno, discriminación y odio que nos hará sufrir a nosotros y a los demás. Es una ecuación sencilla: el habla incorrecta provoca malestar. El habla correcta nos produce bienestar y nos cura. Podemos decir algo que cure y ayude a los demás todos los días. Los adultos pueden hacerlo. Los niños pueden hacerlo. Los comerciales, los políticos y los profesores pueden hacerlo. No hace falta esperar un momento concreto. Podemos dejar lo que estemos haciendo en este momento y enviar un correo utilizando el habla correcta, y, de este modo, aliviar el sufrimiento que habita en nuestro interior y en el de los demás de inmediato.

4

Los seis mantras del habla bondadosa

Cuando sentimos que estamos solos y que nadie nos apoya, debemos recordar que eso no es más que una sensación. No es la realidad. Piensa en uno de los árboles que hay en el exterior ahora mismo. El árbol nos aporta belleza, frescor y oxígeno para respirar. Es un tipo de apoyo que también ofrece amor. El aire fresco del exterior, las plantas que nos alimentan y el agua que fluye por encima de nuestras manos bajo el grifo nos ofrecen un sustento.

La gente puede apoyarnos de muchas maneras y puede querernos sin decir «te quiero». Es probable que conozcas a personas que nunca te hayan dicho «te quiero», pero, aun así, sabes que te quieren. Cuando me nombraron monje novicio, tuve un maestro que sabía que me quería mucho pero nunca me dijo «te quiero». Esto es habitual. Si alguien pronunciaba las palabras «te quiero», parecía que se había perdido una parte de lo sagrado. A veces nos sentimos muy agradecidos, pero queremos expresar nuestra gratitud de otras formas aparte de diciendo «gracias». Fíjate en las muchas maneras en que los seres humanos expresan su amor sin decirlo. Tal vez, igual que el árbol, te apoyen de otras maneras.

También es cierto que las personas a las que quieres pueden no saber lo que sientes por ellos. A veces queremos decirle a alguien lo mucho que nos importa, pero no sabemos qué palabras emplear para que la persona entienda lo que sentimos.

Los seis mantras son seis frases que incorporan el habla bondadosa y permiten que las personas conozcan la visión que tenemos de ellas y sepan que las entendemos y nos preocupamos por ellas. En el budismo, a esas frases se las conoce como «mantras». Son una especie de fórmula mágica: cuando las pronuncias, puedes provocar un milagro, porque la felicidad está disponible inmediatamente.

Como en cualquier práctica, debes empezar por la respiración consciente para remarcar tu verdadera presencia. Entonces, puedes dirigirte a la otra persona con plena conciencia, comprometido con la práctica de la comunicación compasiva. Puedes tomar aire y expulsarlo tres veces antes de repetir el mantra. Esto te calmará y, de este modo, transmitirás tu calma a la otra persona. Entonces, cuando te dirijas a ella, sabrás que estarás despejado y en paz, y podrás ofrecer tranquilidad y frescura a la otra persona.

Si quieres que el mantra funcione, tienes que respirar conscientemente y despejarte antes de pronunciarlo. Mira a la persona a la que te diriges a los ojos y pronuncia las frases cortas que presento a continuación. Un mantra puede contener solo cuatro palabras, pero gracias a ellas serás capaz de estar presente por completo para la persona a la que quieres.

El primer mantra

El primer mantra es: «Estoy aquí para lo que necesites». Es el mejor regalo que puedes dar a un ser querido. Nada es más valioso que tu presencia. No importa lo caros que sean los regalos que le compres, no son tan valiosos como tu verdadera presencia. Esa maravillosa presencia es fresca, firme, libre y tranquila, y se la ofreces a tus seres queridos para incrementar su felicidad y la tuya propia. «Estoy aquí para lo que necesites».

Querer a alguien significa estar disponible para esa persona. Estar disponible es un arte y una práctica. ¿De verdad estás disponible para la persona a la que quieres al cien por cien? Si respiras y caminas con conciencia plena, unirás cuerpo y mente para recuperarte a ti mismo y estar presente de verdad en el aquí y en el ahora. Estar disponible, ya sea para ti mismo o para otra persona, es un acto de amor.

También podemos usar el mantra con nosotros mismos. Cuando digo en voz baja «Estoy aquí para lo que necesites», también quiero decir que estoy disponible para mí mismo. Mi mente regresa a su hogar, a mi cuerpo, y tomo conciencia de que tengo un cuerpo. Es una práctica de amor, dirigida a uno mismo. Si eres capaz de estar contigo mismo, podrás estar con la persona a la que amas.

La práctica puede ser gratificante. Inhalar y hacer que la mente regrese al cuerpo puede ser algo muy agradable. Disfrutarás de inhalar, de tu cuerpo y de tu mente. A continuación, el mantra hará efecto también a quienes te rodean.

No esperes que te correspondan. La otra persona no tiene por qué decirte nada a cambio. Cuando pronuncias el mantra, ambos os beneficiáis. Ese mantra os ayudará a los dos a regresar a casa y al momento presente que compartís, por lo que tiene un efecto doble.

Siempre decimos que el amor se basa en la comprensión, pero ¿cómo entendemos a alguien si no estamos presentes? Tu mente debe vivir en el aquí y el ahora antes de amar. Por ello, el primer requisito del amor es estar presente. ¿Cómo se ama sin estar presente? Para amar debes estar aquí, disponible. El árbol que hay al otro lado de tu ventana está ahí, disponible para ti, apoyándote. Puedes estar presente para ti mismo y para tus seres queridos, igual que el árbol. La práctica de la conciencia plena es el fundamento del amor. No puedes amar correctamente y profundamente sin la conciencia plena.

Aunque digas «Estoy aquí para lo que necesites», la otra persona no tiene que estar presente para que practiques el primer mantra. Si la otra persona está en casa o en el trabajo, puedes usar el teléfono. Mientras sujetas el teléfono, toma aire y expúlsalo varias veces para estar presente y tranquilo. Cuando suene el tono de llamada, continúa respirando con conciencia plena. Cuando conteste, pregúntale si tiene un momento para hablar. Si es así, puedes decirle: «Estoy aquí para lo que necesites». Si has practicado la respiración consciente, la forma en que pronuncies el mantra transmitirá la calma que sientes y tu presencia en el aquí y el ahora.

El segundo mantra

No utilices el segundo mantra hasta que hayas practicado el primero y estés presente en el aquí y el ahora. A continuación, cuando estés realmente presente, te encontrarás en posición de identificar que la otra persona también está presente. El segundo mantra es: «Sé que estás aquí y eso me hace muy feliz». De este modo, le haces saber a tu ser querido que su presencia es importante para tu felicidad.

El segundo mantra transmite que ves de verdad a la otra persona. Esto es algo crucial porque, cuando una persona te ignora, no te sientes querido. Puede que sientas que las personas a las que quieres están muy ocupadas para prestarte atención. Es posible que, en este momento, esté conduciendo y pensando en cualquier cosa excepto en ti, que estás sentado al lado. No te presta atención. Amar significa ser consciente de la presencia de tu ser querido y reconocer que su presencia es muy valiosa para ti. Debes utilizar la energía de la conciencia plena para reconocer y aceptar la presencia de tu ser querido. Gracias a tu conciencia plena, crecerá como una flor.

«Sé que estás aquí y eso me hace muy feliz». El segundo mantra sirve para reiterar lo importante que la presencia de la otra persona es para ti. Este mantra, al igual que el primero, solo funciona si inhalas y exhalas antes de pronunciarlo. Imagina que tu ser querido ya no está contigo, que se ha mudado o ha fallecido. De ser así, sentirías un gran vacío. Ahora mismo, esa persona está viva y a tu lado, así que tienes suerte. Por eso debes practicar el segundo mantra: para recordarte lo importante que es la presencia de esa persona para ti.

Cuando alguien te dice que te quiere, pero ignora tu presencia y no presta atención al hecho de que estés disponible, no te sientes querido. Por ello, cuando quieres a alguien, tienes que reconocer que su presencia es valiosa para ti. El segundo mantra puede practicarse todos los días, incluso varias veces. «Sé que estás aquí y eso me hace muy feliz».

Este mantra, igual que el primero, puede pronunciarse en cualquier momento del día: antes de ir a trabajar, durante la comida o por teléfono o correo electrónico si quieres compartirlo con alguien a quien no tienes la oportunidad de ver. Llevar a la práctica estos mantras puede ser un poco incómodo al principio, mientras te acostumbras a ellos, pero, cuando notes los resultados, te resultará mucho más fácil utilizarlos. Gracias a ellos, tú y tu ser querido podéis ser felices al instante. ¡Es más rápido que el café instantáneo! Pero recuerda lo siguiente: un mantra solo puede practicarse con éxito si sabes cómo estar presente y pronunciarlo con conciencia plena.

El tercer mantra

Mientras que los dos primeros mantras pueden pronunciarse varias veces al día, en cualquier situación, el tercero se utiliza cuando vemos que la otra persona sufre. El tercer mantra reducirá su dolor al instante. «Sé que sufres, por eso estoy aquí para lo que necesites».

Gracias a la conciencia plena, sabemos cuando un amigo o un ser querido no está bien. Cuando un ser querido sufre, a veces sentimos el impulso de hacer algo para solucionarlo, pero no hace falta hacer demasiado. Basta con estar disponible para lo que necesite. En eso consiste el amor verdadero. El amor verdadero está hecho de atención plena.

Gracias a la atención plena, sabemos cuando un ser querido lo está pasando mal. Cuando eres consciente de ello, quieres hacer algo para mitigar su sufrimiento. Lo único que tienes que hacer es estar ahí, disponible. Si repites el mantra, el dolor de tus seres queridos se reducirá de inmediato.

Cuando sufres y tus seres queridos ignoran tu dolor, el dolor se acentúa. Sin embargo, si la otra persona es consciente de tu sufrimiento y se ofrece a estar presente durante esos momentos difíciles, el sufrimiento se reduce al instante. Ayudar a los demás no requiere mucho tiempo. Así que, por favor, utiliza este mantra en tus relaciones para aliviar el sufrimiento de tus seres queridos.

El cuarto mantra

Llevar a la práctica el cuarto mantra es un poco más difícil, en especial para aquellas personas que son muy orgullosas. Este se emplea cuando creemos que la otra persona es la causante de nuestro sufrimiento. Esto ocurre de vez en cuando. Si la persona que ha dicho o ha hecho algo para molestarte hubiera sido alguien que no te importa demasiado, no habrías sufrido tanto. Pero cuando alguien a quien queremos dice algo recriminatorio o despectivo, sufrimos mucho. Si nos sentimos así pero no analizamos en profundidad la naturaleza de nuestro sufrimiento ni sentimos compasión por nosotros mismos y la otra persona, es posible que queramos castigar a la persona que nos ha hecho sufrir por atreverse a hacernos daño. Cuando sufrimos, creemos que la causa de nuestro dolor es que la otra persona no nos aprecia o nos quiere lo bastante. Muchos de nosotros tendemos de forma natural a castigar a nuestros seres queridos. Creemos que una de las formas de castigarlos es demostrándoles que podemos sobrevivir sin ellos.

Y muchos hemos cometido ese error. Incluso yo lo he hecho. Pero aprendemos. Queremos demostrar a la otra persona que podemos sobrevivir perfectamente sin ella. De esta forma, decimos de forma indirecta «No te necesito», pero no es cierto. De hecho, cuando sufrimos, necesitamos la presencia de otras personas.

Cuando sufrimos, debemos decírselo a los demás y pedirles ayuda. Sin embargo, a menudo hacemos lo contrario. No queremos pedir ayuda. Por eso necesitamos el cuarto mantra: «Estoy sufriendo. Por favor, ayúdame».

Es muy sencillo, pero también algo difícil. Si nos atrevemos a recitar el mantra, sufriremos menos. Te lo garantizo. Así que escribe la frase en un trozo de papel del tamaño de una tarjeta de crédito y guárdalo en la cartera. Es una fórmula mágica: «Estoy sufriendo. Por favor, ayúdame».

Si no practicas este mantra, puedes mostrarte taciturno; si los demás se dan cuenta de que te ocurre algo, de que tal vez estás sufriendo, intentarán consolarte y dirán: «¿Estás sufriendo?». Cuando alguien te pregunta algo así, es posible que tiendas a responder: «¿Sufriendo? ¿Por qué iba a estar sufriendo?». Sabes que no es cierto, sufres profundamente, pero finges que no lo haces. Mientes para castigar a la otra persona. Si trata de acercarse y colocarte la mano en el hombro, es probable que quieras espetar: «Déjame en paz. Puedo sobrevivir perfectamente sin ti». Muchos cometemos ese error, pero podemos aprender.

Mediante la práctica de este mantra, hacemos lo contrario. Debemos reconocer que sufrimos. Este mantra puede extenderse más si crees que la situación lo requiere: «Estoy sufriendo. Quiero que lo sepas. No entiendo por qué has dicho o hecho lo que has hecho. Así que, por favor, explícamelo. Necesito tu ayuda». Eso es amor verdadero. «No sufro; no necesito tu ayuda» no forma parte del lenguaje del amor verdadero.

La próxima vez que sufras y pienses que otra persona es la causante de tu dolor, saca el papel y léelo; entonces sabrás qué hacer: practicar el cuarto mantra.

Según la práctica que llevamos a cabo en Plum Village, tienes derecho a sufrir veinticuatro horas, pero no más. Hay una fecha límite. La fecha límite es en veinticuatro horas y tienes que practicar el cuarto mantra antes de que el plazo termine. Cuentas con tu teléfono y con tu ordenador. Si te obligas a escribirlo, sufrirás menos. Si en veinticuatro horas no te has tranquilizado lo bastante como para practicar el cuarto mantra, escríbelo en un pedazo de papel y déjalo en la mesa de la otra persona o en un lugar en el que sepas que lo verá.

El mantra puede desglosarse en tres frases. La primera es: «Sufro y quiero que lo sepas». De esta forma, compartes tu sentimientos con tu ser querido. Si compartís vuestra felicidad, también debéis compartir vuestro sufrimiento.

La segunda frase es: «Lo hago lo mejor que puedo», que quiere decir: «Estoy utilizando la conciencia plena y, cuando me enfade, no diré nada que pueda causarte dolor a ti o a mí mismo. Respiro y camino con conciencia plena, y contemplo profundamente mi sufrimiento para encontrar su origen. Creo que tú has causado mi sufrimiento, pero sé que no debería estar tan seguro de ello. Trato de averiguar si mi sufrimiento proviene de una percepción errónea. A lo mejor no querías decir lo que has dicho. A lo mejor no querías hacer lo que has hecho. Estoy haciendo todo lo posible por practicar la contemplación, por identificar mi ira y aceptarla con ternura».

La segunda frase es una invitación para que la otra persona haga lo mismo, para que lleve a cabo la misma práctica. Cuando reciba el mensaje, puede que se diga a sí misma: «Vaya, no sabía que sufría. ¿Qué he dicho o hecho para que sufra de esa manera?». Es una invitación para que la otra persona también analice profundamente el dolor. Si uno de los dos identifica la causa, debería comunicarla inmediatamente al otro y disculparse por no haber sido capaz de poner fin al sufrimiento.

Por lo tanto, la segunda frase es una invitación a la contemplación para ambas partes, para que sean conscientes de lo que ocurre e investiguen la verdadera causa del sufrimiento. El objetivo es reconocer que la otra persona es humana y está haciéndolo lo mejor que puede en todo momento, al igual que nosotros.

La tercera frase es «Por favor, ayúdame». Esta transmite la idea de que no podemos solucionarlo todo nosotros solos. Que nos necesitamos el uno al otro. Probablemente esta sea la parte más difícil. Al unir las tres frases, el significado que desprende es: «Sufro y quiero que lo sepas. Estoy haciéndolo lo mejor que puedo. Por favor, ayúdame».

El quinto mantra

El quinto mantra es: «Este es un momento feliz». Puedes emplearlo cuando estés con alguien que te importa. Llegados a este punto, no nos autosugestionamos ni nos hacemos ilusiones, porque se dan las condiciones necesarias para que haya felicidad. Si no practicamos la conciencia plena, no las reconoceremos. Este mantra sirve para recordarnos a nosotros mismos y a los demás que tenemos mucha suerte, que hay muchos momentos de felicidad a nuestro alcance aquí y ahora. Respiramos sin problema. Nos tenemos los unos a los otros. El cielo azul y la tierra firme nos brindan sustento. Pronuncia el quinto mantra cuando te sientes o camines con tu ser querido; os daréis cuenta de la suerte que tenéis.

Solo reconocerás que un momento es feliz si utilizas la conciencia plena. Si se dan las condiciones necesarias, ambos seréis felices aquí y ahora. La conciencia plena hace que el presente sea un momento maravilloso. Con la práctica, podemos aprender a promover la felicidad en el aquí y el ahora. ¿A qué esperamos para ser felices? ¿Por qué debemos esperar? Gracias a la conciencia plena reconocerás que es posible ser feliz aquí y ahora.

El sexto mantra

Utiliza este mantra cuando alguien te elogie o critique. Puedes usarlo en ambos casos. El sexto mantra es: «En parte, tienes razón».

Tengo puntos débiles y puntos fuertes. Si me elogias, no se me debería subir a la cabeza ni debería ignorar el hecho de que también tengo retos a los que enfrentarme. Si me criticas, no debería tomármelo como algo personal e ignorar el lado positivo.

Cuando vemos la belleza en otras personas, solemos pasar por alto las cosas que no son tan bonitas. Pero, como seres humanos, todos tenemos cosas positivas y negativas. Cuando tus seres queridos te idealicen y te digan que eres perfecto, puedes responder: «En parte, tienes razón, pero sabes que también tengo cosas malas». De esta forma, conservarás tu humildad y no te convertirás en una víctima del orgullo, porque sabes que no eres perfecto. Esto es muy importante. Cuando pronunciamos el sexto mantra, conservamos la humildad.

Si la otra persona te critica, puedes responder: «Querido, solo tienes razón en parte, porque también tengo cosas buenas». Sin juzgar, puedes investigar para mejorar. Si alguien te juzga mal, responde: «Has dicho algo que solo es correcto en parte, porque también tengo cosas positivas». Asimismo, cuando alguien te elogie, agradécele su aprecio, pero también debes dejar claro que solo ven una parte de ti, porque también te enfrentas a muchos desafíos. «Has dicho algo que solo es correcto en parte, porque también tengo puntos débiles que quizás aún no has visto». Si alguien te dice «Tienes muchos puntos débiles», puedes responder «En parte tienes razón. También tengo mis puntos fuertes». Puedes decirlo en silencio o de buena manera. «Solo ves una parte de mí, no la totalidad. Tengo otras cualidades que son mucho mejores».

El sexto mantra es la verdad. No mientes ni haces gala de una falsa modestia. Puedes decirlo en voz alta o para ti mismo. Tienes muchas cualidades maravillosas y muchos puntos débiles; y debes aceptarlos todos. Pero esa aceptación no nos impide desarrollar nuestras cualidades positivas y abordar nuestros puntos débiles.

Además, podemos emplear este mismo método con otras personas. Podemos aceptar a los demás como nos aceptamos a nosotros mismos. Sabemos que lo que expresan es solo una parte de ellos. Antes de juzgar a alguien y gritarle, antes de decir que no tiene valor, debemos contemplar a esa persona en profundidad. Conozco a gente muy sensible. Incluso la crítica más leve los hace llorar y ser infelices. Es probable que tú también conozcas a gente así. Tenemos que aceptarnos a nosotros mismos, con todos nuestros puntos débiles; de ese modo estaremos en paz. No debemos juzgarnos; debemos aceptarnos. Tengo muchos puntos fuertes y puntos débiles, pero intentaré mejorar poco a poco, a mi ritmo. Si te ves a ti mismo así, verás a los demás del mismo modo y no los juzgarás.

Aunque la otra persona tenga muchos puntos débiles, también tendrá muchos talentos, muchas cualidades positivas. Todo el mundo las tiene. Cuando los demás te juzgan injustamente, debes responder que en parte tienen razón, pero que no han visto otros aspectos de ti. Solo han visto una parte de ti, no el total, así que no tienes por qué sentirte triste.

Podemos usar estos seis mantras para fortalecer las relaciones que tenemos con los demás. Hace poco, mi amiga Elizabeth compartió las distintas formas en que ha utilizado los mantras. Su hermana es un año mayor que ella. Cuando eran pequeñas siempre estaban juntas, pero, con los años, en especial cuando eran jóvenes, Elizabeth adquirió la costumbre de sermonear a su hermana y decirle qué debía hacer. Como ya os podéis imaginar, en más de una ocasión su hermana no reaccionó bien.

Elizabeth afirmó que, con la práctica de la conciencia plena, se dio cuenta de lo que decía y de lo importante que era cambiar ese hábito. Cuando visitaba a su hermana, empezó a practicar su propia versión del segundo mantra, diciéndole: «Me alegra que estés aquí». Estableció un contacto sincero con la presencia de su hermana en su vida, lo expresó y entendió que su hermana lo hacía lo mejor que podía.

Elizabeth también utilizó los mantras en su matrimonio. Al principio, cada vez que su marido decía algo que le dolía, sentía de inmediato el deseo de castigarlo. En su lugar, intentó acercarse a él con calma y emplear su propia versión del cuarto mantra y preguntarle: «Me has dicho algo que no entiendo. ¿Qué querías decir?». Él le respondía y, casi siempre, descubría que sus comentarios no tenían nada que ver con ella. A menudo lo que le ocurría era algo completamente distinto. El mantra le permitió «abrir la puerta para ver lo que ocurría en el mundo de su marido».

Algunas veces, Elizabeth le decía algo a su marido, él no reaccionaba bien y ella respondía a su reacción. Con el tiempo, aprendió a practicar el tercer mantra, «Sé que sufres, por eso estoy aquí para lo que necesites», preguntándole: «¿Es por algo que he dicho? Quiero entender lo que ha pasado. Lo siento. No pretendía decir o hacer nada que te hiciera daño. Si me lo dices, entenderé cómo te afectan mis palabras».

También me contó algo que le había ocurrido en un momento concreto durante su estancia en Plum

Village. Estaba en el jardín del patio, recogiendo los pétalos de rosa que empezaban a caer para preparar té. Un jardinero se acercó y regañó a Elizabeth por arrancar los pétalos de las flores que crecían en el patio para disfrute de todos. Elizabeth respondió: «No me estoy llevando los pétalos de las flores frescas, sino de las marchitas». Pero el jardinero no quedó satisfecho. Elizabeth fue a pedir consejo a una de nuestras monjas, ya que sabía que la ayudaría a entenderlo. La hermana le contó que, recientemente, muchas personas habían estado arrancando flores del jardín para su uso personal y que eso irritaba al jardinero. «Elizabeth», le dijo la hermana, «te has topado con una de sus debilidades». Después de oír aquello, Elizabeth habló con el jardinero y puso en práctica el tercer mantra. Le dijo: «Ahora comprendo mejor la situación y, si así lo quieres, no volveré a tocar las flores del patio». El jardinero se estaba preparando para ir de viaje a Alemania, así que Elizabeth también practicó el primer mantra («Estoy aquí para lo que necesites») y le dijo que, durante su ausencia, ella regaría las flores y podaría los escaramujos por él.

Otro amigo me explicó hace poco que había sufrido mucho durante un retiro. Decidió practicar el cuarto mantra («Estoy sufriendo. Por favor, ayúdame») y les explicó a sus compañeros de habitación que no necesitaba hablar de nada; simplemente necesitaba que le dieran espacio. Esto permitió que sus compañeros de habitación comprendieran qué le ocurría, no se lo tomaran como algo personal y fueran más tolerantes cuando no estuviera disponible cuando lo necesitaran. Descubrir lo que necesitaba y pedir que los demás lo apoyaran le resultó muy beneficioso.

Todo el mundo puede practicar los seis mantras en casa. Incluso los niños. A menudo, estos sienten que no tienen autoridad en el entorno familiar. Pero, gracias a la conciencia plena, la concentración y la práctica de los seis mantras, dispondrán de una herramienta. Al recitar un mantra con amor y plena presencia, los niños pueden cambiar las cosas enseguida, incluso cuando la situación es muy tensa. Esto también permite que los padres utilicen el lenguaje del amor en lugar del de la autoridad cuando se comunican con sus hijos, por lo que la comunicación entre padres e hijos se mantiene viva. Cuando no hay comunicación auténtica en una familia, tanto los padres como los hijos sufren. La práctica de los seis mantras es una forma de usar el habla bondadosa y la escucha profunda para mantener abierta la puerta de la comunicación. Si ponemos en práctica una comunicación de este tipo, nos entenderemos mejor los unos a los otros y el amor será verdadero porque se basará en la comprensión.

La comunicación compasiva en tus relaciones

Cuando utilices los seis mantras con tus seres queridos, descubrirás que estáis construyendo una casa juntos. Cuando te escuchas a ti mismo con compasión, empiezas el camino de vuelta a casa. Mediante la práctica de la comunicación compasiva, puedes ayudar a tus seres queridos a que regresen a casa, a que vuelvan a sí mismos. Tus seres queridos también buscan su hogar, calor y un refugio. Cuando tienes un hogar, puedes ayudar a los demás. Te sentirás muy seguro de ti mismo porque sabrás cómo conectar contigo mismo y construir un hogar para ti. Además, tu confianza puede inspirar a otros a hacer lo mismo. Puede que los demás encuentren un hogar en ti y que después se apoyen en ti para construir su propia casa.

Para esto no necesitas un iPhone. Solo necesitas los ojos, para observar con compasión. Necesitas las orejas y la boca, para escucharlos con compasión y hablar con conciencia plena. Cuando uno de tus seres queridos regrese a sí mismo, vuestra relación se convertirá en una relación auténtica, porque ambos os sentiréis en casa. No tengas miedo de dar a tus seres queridos el espacio que necesitan para escucharse a sí mismos. Si dispones del espacio que requieres para escucharte, cuando estéis juntos, encontraréis un hogar el uno en el otro, además de en vuestro interior. Existe un hogar común que todos podéis compartir. Este lugar será la base de todas tus relaciones. Si quieres ayudar a la sociedad, a la comunidad, a tu país, debes tener un cuartel general. Cuando dispones de un hogar auténtico en ti mismo y en tu casa, sentirás felicidad, seguridad y plenitud. Solo entonces estarás en condiciones de salir y ayudar a construir una comunidad más compasiva y bondadosa.

5

Cuando surgen las dificultades

Muchos de nosotros sufrimos porque nos resulta difícil comunicarnos con otras personas. En el trabajo, por ejemplo, muchas veces sentimos que lo hemos intentado todo y, aun así, no conseguimos conectar con nuestros compañeros de ninguna manera. Esto es algo que también ocurre en el ámbito familiar. Muchas veces sentimos que nuestros padres, nuestros hermanos o nuestros hijos están demasiado encerrados en sí mismos y, por ello, creemos que no podemos comunicarnos de verdad con ellos.

No obstante, hay muchas maneras de reconciliarse y tender puentes dar paso a una comunicación más compasiva.

La comunicación cuando estás enfadado

Uno de los motivos por los que tenemos dificultades para comunicarnos con los demás es que, a menudo, tratamos de comunicarnos cuando estamos enfadados. Sufrimos y no queremos quedarnos a solas con todo ese dolor. Pensamos que estamos enfadados por algo que nos ha hecho otra persona y queremos que lo sepa. La ira siempre se manifiesta con urgencia. Queremos que los demás sepan enseguida el problema que tenemos con ellos.

No obstante, cuando estamos enfadados, no actuamos racionalmente. Actuar cuando estamos enfadados puede dar lugar a mucho sufrimiento y empeorar la situación. Eso no significa que debamos reprimir nuestro enfado. No deberíamos fingir que todo va bien cuando no es así. Es posible sentir y combatir nuestra ira de manera sana y compasiva. Cuando sentimos enfado, debemos tratarlo con delicadeza, porque forma parte de nosotros. No deberíamos ser violentos con nuestra ira. Si lo hacemos, seremos violentos con nosotros mismos.

La respiración consciente nos ayuda a reconocer nuestro enfado y a lidiar con él con delicadeza. La energía de la conciencia plena nos ayuda a aceptar la energía de nuestro enfado. La ira es una fuerza poderosa, y puede que debamos contenerla durante un rato. Para cocinar patatas, debemos mantenerlas al fuego como mínimo entre quince o veinte minutos. A la hora de aceptar nuestra irá debemos hacer lo mismo cuando ponemos en práctica la conciencia plena. Te llevará bastante tiempo, porque la ira tarda un rato en cocinarse.

Tras poner en práctica la conciencia plena y calmar la ira, puedes observarla profundamente e identificar su naturaleza y de dónde proviene. ¿Cuál es el origen de esa ira? La ira puede provenir de percepciones erróneas o ser una respuesta habitual a ciertos sucesos que no reflejan nuestros valores más profundos.

En la tradición popular de la psicoterapia, a veces nos alientan a expresar nuestra ira físicamente para «desahogarnos». Nos aconsejan que permitamos que la ira se manifieste a través de unos gritos en un lugar apartado o golpeando a un sustituto inanimado, como, por ejemplo, una almohada.

No he comprobado que esta práctica sea útil para transformar el origen del enfado. Piensa en una estufa de leña. Si no funciona bien, puedes abrir las ventanas para que salga el humo. Pero si no la arreglamos, el humo volverá a escaparse. Tienes que repararla. Gritar y dar puñetazos a una almohada puede servir solo para ensayar, alimentar nuestro enfado y fortalecerlo, pero no para desahogarnos.

Tienes que conectar con tu ira para curarla. Mientras das golpes a una almohada, no estás en contacto con tu ira de un modo que te permite comprenderla. Ni siquiera estás en contacto con la almohada, porque, si lo estuvieras, sabrías que no es más que una almohada.

Suprimir tu enfado puede ser peligroso. Si lo ignoras, puedes explotar. La ira, como todas las emociones fuertes, quiere expresarse. Así que, ¿cómo la tratamos? Lo mejor que podemos hacer es volver a nosotros mismos y cuidar de ella. Podemos recordar el primer mantra y estar disponible para lo que necesitemos mientras cuidamos de ella. Debemos regresar a nosotros mismos y conectar el cuerpo con la mente. Regresar a la práctica de la respiración consciente y el caminar consciente. Estar presente significa ser consciente y utilizar la atención plena para reconocer, aceptar y analizar profundamente nuestras emociones fuertes.

Normalmente, cuando la ira se manifiesta, queremos enfrentarnos a la persona que creemos que es la causante. Estamos más interesados en dejar las cosas claras a esa persona que en lidiar con el problema más urgente, que es controlar nuestra propia ira. Somos como la persona cuya casa está en llamas y persigue al pirómano en lugar de regresar para apagar el fuego. Mientras tanto, el incendio continúa.

Hay muchas formas de comunicar que sufres por culpa de alguien. Puedes escribir una nota o enviar un correo electrónico a esa persona. Pero, primero, practica la respiración consciente y cuida de tu ira. Es el momento perfecto para utilizar el cuarto mantra: «Estoy sufriendo. Por favor, ayúdame». Cuando hayas calmado tu enfado, puedes llamar a la otra persona, pero solo cuando puedas decir con serenidad que sufres y necesitas ayuda. Puedes hacerle saber que estás haciendo todo cuanto está en tu mano para curar tu sufrimiento. Anima a la otra persona a hacer lo mismo. Pedir ayuda cuando estamos enfadados es muy difícil, pero permite que otros perciban nuestro dolor en vez de solo nuestra ira. Entonces verán que ese sufrimiento es el causante de la ira y, de ese modo, empezará el proceso de comunicación y curación.

Ayudarnos unos a otros a sufrir menos

Cuando nos distanciamos o nos alejamos de alguien que nos importa, las dos partes sufren. Si no nos preocupáramos profundamente por la otra persona, el distanciamiento no sería tan doloroso. La gente que más nos importa es la que mayor sufrimiento nos provoca. Podemos vivir distanciados durante mucho tiempo, hasta que empezamos a pensar que la situación es irreparable.

Pero mientras el conflicto continúe, siempre intentaremos evitarlo, disimularlo, porque tenemos miedo de centrarnos en el sufrimiento que habita en nuestro interior. Podemos fingir que no existe, pero está ahí; es un bloque enorme que se encuentra dentro de nosotros.

Nuestro sufrimiento necesita que lo comprendamos. Mediante la práctica diaria, podemos generar la conciencia plena suficiente y ser lo bastante fuertes como para volver a casa, a nuestro sufrimiento, sin tener miedo. La conciencia plena nos ayuda a identificar el dolor. Nos ayuda a dar el primer paso: aceptarlo.

Cuando alguien te ha provocado mucho sufrimiento, puede que no quieras ni mirar a esa persona ni estar en la misma habitación que ella, porque sufrirás. Si tomas conciencia, entenderás tu propio sufrimiento y reconocer que la otra persona también sufre. Tal vez puedas incluso descubrir que la razón por la que esa persona sufre tanto es porque no sabe cómo lidiar con su dolor. Es como si su sufrimiento se extendiera y tú fueras su víctima. Quizá no quiera hacerte sufrir, pero no sabe actuar de otra manera. No sabe comprender y transformar su aflicción, y por eso hace sufrir a la gente que la rodea, incluso cuando esa no es su intención. Esa persona sufre, y tú también sufres. No necesita que la castigues; necesita ayuda.

Puedes ayudar a esa persona aceptando el sufrimiento que habita en su interior. Si en una relación se presentan dificultades, debemos aceptarlas. Resulta tentador admitir que todo va bien, porque las dificultades pueden parecernos abrumadoras. Pero si no aceptamos los problemas, no podemos generar comprensión y compasión, y nos sentimos aislados. No podemos ayudar.

Debemos usar las técnicas de la comunicación compasiva, la escucha profunda y el habla bondadosa que tanto hemos practicado para restaurar la comunicación con la persona con quien tenemos problemas. Tras respirar conscientemente durante unos instantes, puedes decirle algo parecido a esto a la otra persona:

«Sé que ahora mismo no eres muy feliz».

«No entendía tus sentimientos, así que reaccioné a ellos de una manera que te hizo sufrir más y que también me hizo sufrir más a mí. No he sido capaz de ayudarte a resolver el problema. Reaccioné con rabia, de una modo que solo ha empeorado la situación».

«No era mi intención hacerte sufrir. No entendía tu sufrimiento, y tampoco entendía el mío».

«Ahora comprendo mejor mis sentimientos y también me gustaría entender los tuyos. Entender tu sufrimiento y tus problemas me ayudará a serte de mayor utilidad».

«Si te preocupas por mí, ayúdame a entenderte».

«Cuéntame qué te preocupa. Quiero escucharte; quiero entenderte. Explícame tu sufrimiento y tus problemas. Si tú no me ayudas a comprenderlo, ¿quién lo hará?».

Estos son solo ejemplos. Es importante que las palabras que emplees sean de cosecha propia. Cuando tienes la energía de la compasión en tu corazón, las palabras bondadosas saldrán de forma natural. Cuando estás muy enfadado con alguien, es casi imposible utilizar el habla bondadosa en medio de una discusión. Pero cuando surge la comprensión, también nace la compasión y es posible usar el habla bondadosa sin tener que hacer un gran esfuerzo. Un doctor que es incapaz de determinar el origen de una enfermedad no puede ayudar al paciente. Un psicoterapeuta que no entiende el sufrimiento del paciente no puede ayudarlo. El habla bondadosa puede abrir puertas. Después, tendrás la oportunidad de practicar la escucha profunda y ayudar a la otra persona a reparar la relación.

Hace falta valor para reconocer los problemas que existen en una relación. Puede que creas que es mejor esperar a que la otra persona dé el primer paso, pero quizá eso no ocurra nunca. No debes esperar. Empieza la práctica de restaurar la comunicación mediante un diálogo franco y compasivo. Puede que quieras ponerte una fecha límite para empezar a hacerlo. Cuando la gente viene a hacer retiros semanales, les pongo como fecha límite la última noche del retiro para iniciar el proceso de reconciliación. Si practicas de verdad, los demás lo notaran. Puede que no lo demuestren al instante, pero tus palabras y la expresión de tus ojos tendrán un efecto en ellos.

El sufrimiento del orgullo

Una historia vietnamita muy conocida narra la vida de una pareja joven que sufría mucho porque no practicaba la comunicación consciente. El marido se fue a la guerra y dejó a su mujer, embarazada, en casa. Tres años más tarde, cuando cumplió con sus obligaciones con el ejército, su mujer fue a recibirlo a la entrada del pueblo para darle la bienvenida y llevó con ella al niño pequeño. Era la primera vez que el hombre veía a su hijo. Cuando la pareja se reencontró, ninguno de los dos pudo contener las lágrimas de felicidad. Estaban muy agradecidos de que el joven hubiera sobrevivido y regresado a casa.

En Vietnam, cuanto tiene lugar un suceso importante, es tradición hacer una ofrenda a nuestros antepasados en un altar y contarles lo que ha sucedido. La mujer fue al mercado a comprar flores, fruta y otros alimentos para realizar una ofrenda en el altar. El padre se quedó en casa con su hijo y trató de persuadir al pequeño para que lo llamara «papá». Pero el pequeño se negó.

Le contestó: «Tú no eres mi papá. Mi papá es otra persona. Venía y nos visitaba todas las noches. Siempre que venía, mi madre hablaba con él durante mucho rato y lloraba y lloraba. Cuando mi madre se sentaba, el hombre se sentaba. Cuando mi madre se tumbaba, él también se tumbaba. Así que tú no eres mi papá». Al oír esas palabras, el corazón del joven padre se convirtió en piedra. Ya no podía sonreír. Se quedó callado.

Cuando la mujer volvió, el hombre no la miró ni le dirigió la palabra. Se mostró muy frío, la trataba como si la despreciara. Ella no entendía por qué y comenzó a sufrir profundamente.

Tras la ceremonia de ofrenda a los ancestros, es tradición llevarse la ofrenda del altar y que la familia se siente y disfrute de la comida. Pero después de la ceremonia, el hombre no siguió la tradición. Se marchó de casa, se fue al pueblo y se entretuvo en la licorería. Se emborrachó porque no podía soportar su sufrimiento. Cuando el marido volvió a casa, era muy tarde. Hizo lo mismo noche tras noche. Nunca hablaba con su esposa, nunca la miraba, nunca comía en casa. La joven sufría tanto que no pudo soportarlo y, el cuarto día, saltó al río y se ahogó.

La noche después del funeral, el padre y el niño regresaron a casa. Cuando el padre encendió la lámpara de queroseno, el pequeño exclamó: «¡Ahí está mi padre!», y señaló la sombra de su padre en la pared. Resultó que la joven hablaba con su sombra todas las noches porque echaba muchísimo de menos a su marido. Un día, el pequeño le había preguntado: «Todos los niños del pueblo tienen un padre, ¿por qué yo no tengo uno?». Para calmar al pequeño, ella señaló la sombra de la pared y respondió: «¡Ese es tu padre!». Claro que cuando se sentó, la sombra también lo hizo. Entonces el padre lo entendió todo. Se dio cuenta del malentendido, pero ya era demasiado tarde.

¿Qué habría pasado si el joven se hubiera dirigido a su mujer y le hubiera dicho: «Cariño, he sufrido mucho durante los últimos años, no creo que pueda sobrevivir. Por favor, ayúdame. Por favor, dime quién es esa persona que venía todas las noches y con la que hablabas y llorabas»? Era algo muy sencillo de hacer. De haberlo hecho, la joven habría tenido la oportunidad de explicarse, se habría podido evitar la tragedia y habrían recuperado la felicidad muy fácilmente. Era la forma más directa de solucionar el problema. Pero no lo hizo porque estaba muy dolido y su orgullo le impidió dirigirse a ella y pedir ayuda.

La mujer también sufrió muchísimo. Estaba muy dolida por el comportamiento de su marido, pero no le pidió ayuda. Tal vez, si le hubiera preguntado a su marido qué le ocurría, él le habría contado lo que el niño le había dicho. Pero no lo hizo porque ella también se dejó llevar por el orgullo.

Una percepción errónea puede causar un terrible sufrimiento. Todos somos susceptibles a los malentendidos. Vivimos con ellos todos los días. Por eso tenemos que practicar la meditación y encontrar el origen de nuestros malentendidos. Sea lo que sea lo que percibamos, debemos preguntarnos a nosotros mismos: «¿Estás seguro de que es una percepción correcta?». Para estar seguros, tenemos que preguntárnoslo.

Estamos sujetos a muchas percepciones erróneas en nuestro día a día. Puede que nuestro ser querido no tenga la intención de hacernos daño. La comunicación consciente tiene el potencial de aliviar gran parte del sufrimiento innecesario de nuestras relaciones.

Reconciliarse con la familia

A veces, nos resulta más difícil comunicarnos en el ámbito de nuestra propia familia, ya que las familias sufren de forma similar y comparten las mismas formas de responder a ese sufrimiento. Nuestros padres, y sus antepasados antes de ellos, nos legaron su sufrimiento. A menos que empieces a entender tu propio sufrimiento y reconciliarte contigo mismo, legarás ese dolor a las generaciones venideras. Por eso, practicamos la comunicación consciente no solo por nuestro propio bien y el de nuestros seres queridos, sino también por el de nuestros descendientes.

Al entender tu propio sufrimiento, entiendes también el de tu padre. Es posible que él sufriera mucho y no fuera capaz de aceptar y transformar su dolor, así que te transmitió todo su sufrimiento. Has heredado tu sufrimiento de él y de tu madre.

Cuando todavía somos jóvenes, muchos de nosotros estamos decididos a ser distintos a nuestros padres. Decimos que nunca haremos sufrir a nuestros hijos. Pero cuando crecemos, tendemos a comportarnos igual que nuestros padres y provocamos dolor a otros porque, igual que nuestros antepasados, no sabemos controlar la energía que hemos heredado. Hemos recibido muchas semillas positivas y negativas de nuestros padres y nuestros antepasados. Nos han transmitido sus hábitos porque ellos no sabían transformarlos. A veces, la energía de esos hábitos se ha transmitido de generación en generación, una y otra vez.

Debes aceptar que eres la continuación de tu padre, tu madre y tus antepasados. Cultiva la atención plena para reconocer la energía del hábito cada vez que emerja y aceptarla mediante la energía de la conciencia plena. Si somos capaces de hacerlo, la energía del hábito se debilitará. Y si seguimos esta práctica, detendremos el ciclo de transmisión, algo que no solo nos beneficiará a nosotros, sino también a nuestros hijos y descendientes. También podemos ayudar a nuestros hijos a aprender a controlar la energía de sus hábitos y alimentar los elementos positivos que hay en su interior.

El sufrimiento que recibimos de nuestros padres cuando éramos niños es probablemente el dolor más profundo que habita en nuestro interior. Puede que odiemos a nuestros padres y creamos que, estén vivos o no, nunca podremos reconciliarnos con ellos. No obstante, la práctica de la respiración consciente, caminar conscientemente y la observación profunda pueden transformar la situación y restaurar la comunicación incluso en las familias que tienen relaciones muy complicadas. Si la otra persona practica también la conciencia plena será mucho más fácil restaurar la comunicación, pero la reconciliación también es posible cuando solo una de las dos partes está familiarizada con la práctica.

La relación con padres y hermanos puede ser particularmente difícil. Tal vez, durante la infancia, alguien los hirió profundamente y nadie les prestó atención. Por eso ahora perpetúan el ciclo y ya no quieren escuchar a nadie. No les pidas a tus familiares que cambien. Solo cuando generas la energía de la comprensión y la compasión en tu interior puede iniciarse la reconciliación.

Todavía recuerdo un retiro en Oldenburg, en el norte de Alemania. Durante el cuarto día del retiro, les puse a todos la medianoche como fecha límite para empezar la reconciliación con alguien con quien hubieran tenido muchos problemas. A la mañana siguiente, un hombre se acercó a mí y confesó: «He estado enfadado con mi padre durante años. Ni siquiera podía mirarlo a la cara. Hasta cuando marqué su número anoche dudaba de ser capaz de hablar con él con calma». Pero cuando escuchó la voz de su padre, descubrió que podía utilizar el habla bondadosa de forma natural; que prácticamente no tenía ni que intentarlo.

Le dijo: «Sé que has sufrido mucho durante los últimos años. Lo siento. Soy consciente de que la forma en que te he hablado y he actuado no ha sido de gran ayuda. No era mi intención hacerte sufrir». Su padre oyó la compasión en la voz de su hijo y le habló por primera vez de su sufrimiento y sus problemas.

La reconciliación es posible. Puedes hallar una solución a los problemas de tus relaciones. No tienes por qué permitir que los problemas sigan haciéndote sufrir un mes tras otro y año tras año.

El primer paso es practicar la respiración consciente, el caminar consciente y la consciencia plena durante tus actividades diarias, para que seas lo bastante fuerte como para volver a ti mismo, estar en contacto con tu sufrimiento y descubrir la naturaleza del mismo. Si no escuchamos nuestro propio sufrimiento, no tendremos oportunidad de mejorar la calidad de nuestras relaciones. Gracias a la conciencia plena, nuestra compasión aumenta y podemos aceptarnos a nosotros mismos. Solo entones tenemos la oportunidad de centrarnos en los demás. Aunque no estén presentes, puedes sentarte en silencio, cerrar los ojos y contemplar el sufrimiento que han sufrido a lo largo de los años. Cuando eres capaz de contemplar el dolor de los demás, comienzas a entender que existen motivos por los que sufren de ese modo. Y dejas de estar enfadado con ellos. Entonces nace la compasión en tu corazón. Cuando sientas esa compasión, estarás más tranquilo, despejarás la mente y estarás lo bastante motivado como para decir o hacer algo para ayudar a los demás a transformar sus problemas. A partir de ese momento, la reconciliación será posible.

La comunicación en relaciones duraderas

En las relaciones personales a largo plazo, como en las familiares, a menudo caemos en el hábito de creer que el cambio no es posible. Creemos que la otra persona debería cambiar, pero no lo hace, así que perdemos la esperanza. No obstante, debemos dejar de juzgar y

volver a comunicarnos con nosotros mismos. Si esperamos a que nuestros padres o nuestra pareja cambien,
puede que esperemos durante mucho tiempo. Si esperamos a que la otra persona cambie, quizá esperemos
durante toda la vida. Lo mejor es que cambiemos nosotros mismos. No tenemos que obligar a la otra persona a cambiar. Incluso si tardamos mucho tiempo en
hacerlo, nos sentiremos mucho mejor cuando seamos
dueños de nosotros mismos y actuemos lo mejor que
podamos.

A veces, cuando ves que tu pareja se comporta de
una forma que te resulta irritante, quieres reprochár-
selo. Si tratas de corregirla de inmediato, quizá se mo-
leste y, entonces, ambos estaréis molestos y actuaréis
con crueldad. Cuando esto ocurre, es como si desapa-
recieran los cielos azules y los árboles verdes, y fuerais
dos bloques de sufrimiento que chocan el uno contra
el otro. El conflicto y la infelicidad se intensifican. Tenemos que desprendernos de la infelicidad y regresar
a nosotros mismos, a nuestra paz, hasta que sepamos
cómo lidiar con la situación de una forma bondadosa.

Una vez estés calmado, invita a tu pareja a que hable. Puedes decirle que lo sientes por no haberlo o ha-
berla entendido mejor. Díselo solo cuando creas que
puedes hacerlo. Entonces escucha profundamente, incluso si lo único que profiere son quejas, reproches o
palabras crueles. Puede que descubras que tu pareja se
ha formado muchas impresiones erróneas sobre ti y sobre la situación, pero intenta no interrumpir. Deja que
se exprese. Deja que tenga la oportunidad de expresar
todo lo que siente para que vea que escuchas y comprendes lo que dice. Mientras tu pareja hable, respira
conscientemente. Puede que más adelante encuentres

la forma de arreglar el malentendido, poco a poco y de forma hábil y bondadosa, para que la comprensión mutua crezca.

Si tu pareja dice algo que no es cierto, no interrumpas y digas: «No, no, te equivocas. Esa no era mi intención». Deja que hable. Solo intenta hablar del problema. Si interrumpes, podría perder la inspiración para hablar y no contarte nada. Tienes tiempo de sobra. Puede que hasta necesites varios días para contemplarlo todo en profundidad, para poder contarle de forma hábil, cuando esté listo o lista para oírlo, que su percepción es errónea. Puede que hayáis estado enfadados el uno con el otro durante años, y puede que solo estéis atrapados y no podáis cambiar la situación por una circunstancia. Si entiendes a la perfección sus palabras, podréis empezar a hacer las paces. El habla bondadosa y compasiva y la escucha profunda son los instrumentos más poderosos para restaurar la comunicación. Si puedes comprender su mensaje y transformarte, entonces podrás ayudar a tu pareja.

A veces, nuestro entorno puede perjudicarnos y no nos deja margen para comunicarnos con nosotros mismos. En ese caso, quizá necesitemos cambiar el entorno que nos rodea. Sin embargo, en el contexto de una relación, algunas veces creemos que la separación o el divorcio son la única alternativa. Eso solo es cierto si vivimos en una situación violenta o abusiva. Es importante que nos sintamos seguros, no vulnerables. Pero si estás en una relación en la que las dos personas os queréis y no os hacéis daño intencionadamente, pero no sabéis cómo comunicaros, puede que haya otras soluciones. Muchas personas creen que el divorcio es la solución, pero, tras firmar los papeles, su sufrimiento persiste. Si además tenéis hijos en común o estáis unidos por asuntos financieros u otras circunstancias, seguiréis teniendo que tratar el uno con el otro en los años venideros. No puedes extirparte a la otra persona. No puedes desaparecer de la vida de otra persona. El dolor continuará. Así que la pregunta no es si seguiréis juntos o no; la pregunta es si podéis centraros en tratar de entenderos el uno al otro mediante el habla compasiva y la escucha profunda, sin importar el resultado.

La comprensión mutua en situaciones que suponen un desafío

La comunicación compasiva es una forma increíblemente poderosa de promover la comprensión mutua y cambiar. Puede usarse en situaciones en las que mucha gente creería que comunicarse y conectar parece imposible. Puede transformar situaciones en las que las dos partes sufren miedo e ira.

He presenciado situaciones como esta al hospedar grupos de israelíes y palestinos en Plum Village. Los primeros días de un retiro son siempre difíciles. Al principio, ambos grupos sienten miedo, ira y desconfianza. Ni siquiera quieren mirarse a la cara, sospechan unos de otros. No se sienten cómodos cuando se miran porque han sufrido mucho y creen que el otro es el causante de ese sufrimiento. Durante la primera semana, nos centramos únicamente en comunicarnos con nosotros mismos. Ambos grupos practican y entrenan la respiración consciente, el arte de no pensar y la escucha profunda.

A partir de la segunda semana fomentamos prácticas de la comunicación compasiva, como la escucha profunda y el habla bondadosa, entre los dos grupos. Primero se anima al grupo que habla a que utilice un lenguaje que ayude a los otros a entender el sufrimiento por el que han pasado, tanto los niños como los adultos. Cada grupo explica al otro todo el dolor al que han sido sometidos. Pero lo hacen utilizando el habla bondadosa y evitando culpar o acusar.

Recomendamos al grupo que escucha que lo haga con compasión. Si oyen alguna interpretación errónea, no deben intentar interrumpir y corregir, porque tendrán tiempo de sobra más adelante de ayudar al otro grupo a corregir sus interpretaciones. Cuando un grupo escucha en profundidad al otro reconoce, a lo mejor por primera vez, que el otro bando ha sufrido mucho, y que su sufrimiento es muy parecido al suyo propio, aunque las circunstancias sean diferentes. Para muchos, esta es la primera vez que se dan cuenta de que las personas del otro bando son seres humanos igual que ellos, que han sufrido como ellos.

Cuando entiendes el sufrimiento del otro, sientes compasión y, de repente, dejas de odiarlo y tenerle miedo. Tu forma de mirarlo ha cambiado. El otro ve en tus ojos compasión y aceptación, y, de inmediato, el dolor se reduce.

Estas sesiones de escucha profunda se organizan de modo que los participantes tengan tiempo suficiente para escuchar y hablar de su sufrimiento. Muchos de los que estuvimos presentes en esas sesiones no éramos ni palestinos ni israelíes. Éramos monjes, monjas y practicantes que queríamos sentarnos, respirar con ellos y ofrecer apoyo durante la sesión. Practicamos la respiración consciente y les ofrecimos una energía colectiva de paz y conciencia plena para que escucharan con compasión. Nuestra presencia fue muy importante para ambos grupos. Fuimos capaces de crear una energía colectiva que permitió llevar a la práctica el habla consciente.

Considero que podemos organizar una práctica similar para nosotros mismos o para dos grupos cualquiera que estén enfrentados. A veces, los hindúes tienen miedo de los musulmanes y, al mismo tiempo, los musulmanes tienen miedo de los hindúes. En otras situaciones, los musulmanes tienen miedo de los cristianos y los cristianos tienen miedo de los musulmanes. Creemos que el otro grupo amenaza nuestra supervivencia y nuestra identidad.

Lo primero que debemos hacer es contemplar en profundidad y apreciar que hay mucho miedo y sufrimiento no solo en nuestro bando, sino también en el otro. Al principio creemos que somos los únicos que sufrimos y tenemos miedo. Pero si nos acercamos lo bastante al otro bando y observamos, veremos que ellos también tienen mucho miedo, miedo de nosotros, y que también sufren. Cuando contemplamos su sufrimiento y su miedo, nuestro dolor empieza a mitigar. Cuando pensamos con compasión, nuestros pensamientos empiezan a curarnos a nosotros, al otro y al resto del mundo.

Tratados de paz

Creo que si los funcionarios de los gobiernos organizaran conferencias sobre la paz del mismo modo que nosotros organizamos sesiones de escucha profunda y habla bondadosa, tendrían mucho más éxito a la hora de reconciliar grupos contrarios. Cuando dos grupos opuestos se unen a negociar, no deberían empezar a negociar de inmediato. Sienten duda, ira y miedo y puede que negociar con unas emociones tan fuertes sobre la mesa sea un gran desafío. La primera parte de cualquier iniciativa de paz debería dedicarse a la práctica de respirar, caminar, sentarse y calmarse. Solo entonces los grupos estarían preparados para escucharse unos a otros y el deseo y la capacidad de comprensión mutua establecería la base de unas negociaciones exitosas.

Si se caldea el ambiente durante las negociaciones o la tensión es demasiado fuerte, el moderador debería pedir a todos que paren e inhalen y exhalen para tranquilizarse. Aunque esto interrumpiera la intervención de alguien, todos deberían detenerse e inhalar y exhalar juntos.

Cuando intervine en un encuentro de congresistas en Washington D. C., propuse un método similar. Después de las jornadas, les ofrecí una invitación a un retiro a varios de los congresistas y practicamos la plena conciencia juntos. Eso fue hace muchos años, pero todavía hoy varios miembros del Congreso practican el arte de caminar con conciencia plena en el Capitolio. Introducir la comunicación compasiva y el habla consciente en la política es posible y muy beneficioso.

No hay ninguna situación en la que la escucha profunda y el habla bondadosa sean inapropiadas. No es necesario que reservemos estas técnicas para una ocasión especial. Pueden adaptarse a numerosas situaciones y ser útiles en todas y cada una de ellas. Si las empleamos ahora, dispondremos de la comprensión y el conocimiento necesarios para reparar los daños que hemos causado en el pasado y curarnos a nosotros mismos, a nuestras familias, nuestras relaciones y nuestras comunidades.

6

La comunicación consciente
en el trabajo

El proceso para comunicarse con éxito en el trabajo empieza incluso antes de que lleguemos al lugar de trabajo. A menudo, cuando vamos de camino al trabajo (mientras conducimos, vamos en bicicleta, tren o autobús, o caminamos) nos centramos en lo que tendremos que hacer cuando lleguemos o en algo que no hemos podido terminar antes de salir de casa.

Si en lugar de centrarnos en estas cosas prestamos atención a nuestra respiración y a lo que ocurre justo en ese momento, disfrutaremos de todo nuestro trayecto al trabajo. Todos los día, antes de empezar mi jornada diaria de enseñanza, no malgasto el tiempo preocupándome por las preguntas que podrían hacerme o por cómo responderlas. En lugar de eso, mientras recorro el camino desde mi habitación hasta la sala en la que enseño, disfruto de cada paso y de cada inhalación, e intento vivir profundamente cada momento de mi paseo. De esta manera, cuando llego, me siento fresco y listo para empezar a trabajar. Así soy capaz de dar la mejor respuesta a las preguntas que puedan hacerme.

Si practicas la conciencia plena mientras te arreglas en casa y mientras te diriges al trabajo, llegarás mucho más feliz y relajado de lo que llegabas en el pasado, y será mucho más fácil que la comunicación prospere.

El modo en que piensas en el trabajo y tus relaciones profesionales pueden afectar a la forma en que te comunicas en el ambiente de trabajo. Puede que tengas la impresión de que el propósito de tu trabajo es ofrecer un servicio a los demás o fabricar un objeto o materia prima. Pero, mientras estás en el trabajo, también fabricas ideas, discursos y acciones. La comunicación es parte de tu trabajo, igual que el producto final. Si te comunicas adecuadamente en el ámbito laboral, no solo disfrutarás más en él, sino que crearás un ambiente armónico que se verá reflejado en tu trabajo. Todo cuanto hagas, reflejará una mayor compasión y será más beneficioso para un mayor número de gente.

Predicar con el ejemplo

Cuando estuve en India hace algunos años, conocí al señor K. R. Narayanan cuando era presidente del Parlamento indio. Hablamos de la práctica de la escucha profunda y el diálogo compasivo en los cuerpos legislativos. Yo dije que cualquier ámbito de trabajo, incluida la asamblea legislativa, podía convertirse en una comunidad basada en la comprensión y la compasión mutuas. Si creamos una comunidad de trabajo próspera y estimulante, modelamos el tipo de ambiente que queremos crear en el mundo.

Cuando utilizas el habla consciente y compasiva en el trabajo, ofreces lo mejor de ti mismo. Si combinamos los conocimientos y las experiencias de todos, el colectivo podrá tomar decisiones mucho más sabias. Si somos incapaces de escuchar a nuestros compañeros de trabajo con el corazón libre de prejuicios, si solo consideramos y respaldamos las ideas que ya conocemos y con las que estamos de acuerdo, dañamos el ambiente de trabajo. Sea cual sea tu puesto, puedes ser un ejemplo para los demás si escuchas a todo el mundo con el mismo interés y preocupación.

Muchos lugares de trabajo se caracterizan por el estrés diario. Debemos crear espacios para practicar la respiración consciente. Esta práctica es el primer paso hacia la comunicación consciente, porque relaja nuestro cuerpo y nuestra mente. Tenemos que estar relajados y sentirnos bien para tomar las mejores decisiones posibles. Cuando nos relajamos en el trabajo, nos comunicamos con fuerza.

El señor Narayanan y yo hablamos de integrar la respiración consciente en el Parlamento de India como una forma de reducir el estrés. Si los políticos pueden hacerlo en una asamblea legislativa, tú también puedes hacerlo en tu lugar de trabajo. ¿Puedes hacer que tus compañeros de trabajo se reúnan para practicar la respiración consciente o reserven algo de tiempo para hacerlo antes de una reunión con el fin de comunicaros de forma más efectiva y no dejaros llevar por el estrés? Si no consigues reunir a tus compañeros, practica la respiración consciente tú mismo para mejorar la comunicación en el trabajo. A veces puede parecer difícil, pero una inhalación consciente es el primer paso para hacerlo.

Saludar a tus compañeros

¿Qué es lo primero que haces cuando llegas al trabajo? ¿Sonríes a las personas con las que te cruzas? ¿Los saludas? Los primeros minutos son cruciales para marcar el tono del resto de tu día de trabajo. Quizá sientas que tienes demasiadas cosas en mente. Puede que sigas absorto en una discusión o en algo que te haya sucedido antes de llegar. Pero si has dedicado el tiempo que tardas en ir al trabajo a respirar conscientemente y centrarte en el presente, llegarás con la mente despejada y podrás saludar a tus compañeros con una amplia y reconfortante sonrisa. Forma parte de tu trabajo, sea cual sea tu profesión.

Responder al teléfono

En el trabajo, muchos de nosotros nos comunicamos no solo con los que nos rodean, sino también mediante correos electrónicos, el teléfono o videoconferencias. Muchos trabajamos principalmente con personas que no están en el mismo espacio que nosotros, a veces ni siquiera en la misma franja horaria o el mismo país. Aun así, puedes convertir cualquier conversación telefónica o correo en una oportunidad para practicar la comunicación compasiva. Cada vez que suene el teléfono, piensa que es una llamada de la conciencia plena y deja de hacer lo que estés haciendo. En lugar de darte prisa por contestar, inhala y exhala conscientemente tres veces antes de contestar y asegúrate de estar presente para quienquiera que llame. Identifica cualquier sentimiento de estrés o enfado que sientas o cualquier sensación de estar siendo interrumpido. Puedes colocar la mano sobre el teléfono mientras respiras para que tus compañeros de trabajo sepan que tienes intención de contestar, pero que no tienes prisa. Esto les ayudará a recordar que no deben sentirse víctimas del teléfono.

Puedes usar la misma práctica antes de leer un correo. En el trabajo, muchas veces pasamos de un correo a otro sin detenernos primero a respirar conscientemente y a estar presentes para el mensaje que recoge el correo. Si esperamos a haber inhalado profundamente y regresamos al momento presente antes de abrir un correo electrónico, es cierto que tardaremos más tiempo en comprobar todos los correos y trabajaremos algo más lentos, pero la comunicación será mucho más efectiva, clara y comprensiva.

Si quieres escribir un correo o llamar a alguien por teléfono, puede que quieras recitar la siguiente estrofa para ti mismo antes de empezar a escribir o marcar el número de teléfono:

Las palabras pueden recorrer miles de kilómetros.
Que mis palabras generen comprensión y amor.
Que sean tan hermosas como gemas
y tan bonitas como las flores.

Reuniones conscientes

La comunicación en reuniones a menudo puede generar tensión, estrés y conflictos en el trabajo. A veces vamos de una reunión a otra, por lo que entramos en ellas nerviosos y distraídos.

En estos casos, sería de gran ayuda que todos los participantes se sentaran juntos en silencio. Si los compañeros de trabajo están de acuerdo con utilizar una alarma que marque el comienzo de la reunión, el sonido recordará a los participantes que deben centrarse en la respiración e intentar relajarse. Si los compañeros no quieren empezar la reunión sentándose en silencio unos minutos, puedes llegar a la reunión con algo de tiempo para relajarte y respirar conscientemente durante unos instantes. Puede que los demás lo tomen como ejemplo para la próxima vez. No tienes por qué decirles a los demás lo que haces. Hazlo y disfruta de los beneficios que te aportará.

Para marcar el tono de la reunión, estaría bien empezar acordando que todos los participantes respetarán las intervenciones de los demás y estarán dispuestos a escuchar las opiniones del resto. Si tratamos de imponer nuestras ideas a otras personas, solo conseguiremos crear un ambiente de tensión y sufrimiento en el trabajo. Así que, en cualquier reunión, deberíamos mostrarnos abiertos y escuchar la experiencia y las ideas de los otros.

Es bueno tener una idea excelente y estar impaciente por compartirla, pero no deberías estar tan ansioso por compartir tus ideas como para ahogar las de otros. Invita a todos a compartir sus ideas. Confía en que de este proceso de sabiduría colectiva surgirán las mejores ideas.

Durante la reunión, pon en práctica el habla bondadosa y la escucha profunda. Controla la respiración mientras escuchas. Deja que los participantes intervengan de uno en uno, sin interrupciones. No participes en enfrentamientos verbales. Habla desde tu propia experiencia y dirígete a todo el grupo cada vez que intervengas. Si tienes preguntas o preocupaciones, déjalas en el centro del círculo para que todo el grupo las reflexione y aborde. Puede que esto sea un reto; lo más probable es que se trate de una forma nueva de llevar a cabo las reuniones, distinta a la forma en que funcionaban en el pasado. No tienes que intentar cambiar el método de golpe. Sería maravilloso que todo el mundo accediera a escuchar conscientemente y sin interrumpir a los demás. Aun así, si eres el único que sigue estas directrices y se compromete a hablar y escuchar con compasión, tus acciones tendrán un efecto positivo en los demás.

Crear comunidad en el trabajo

Si practicas la comunicación compasiva en el trabajo, muy pronto otros podrían interesarse en respirar, sentarse y caminar de forma consciente contigo. Si te rodeas de personas que practican la conciencia plena, todos os sentiréis arropados por la energía colectiva y os resultará más sencillo practicar el habla consciente y la escucha profunda.

Cuanto más practiquéis la conciencia plena, mejor sabréis lo que podéis hacer para cambiar el ambiente de trabajo de forma positiva. Cuando practicamos el habla consciente y la escucha profunda, nuestra forma de comunicarnos se convierte en una llamada a la conciencia plena para todos. Cuando caminas conscientemente, disfrutando de todos los pasos que das, animas a otros a hacer lo mismo, incluso si no saben que practicas la conciencia plena. Cuando sonríes, tu sonrisa respalda a todos los que te rodean y les recuerda que deben sonreír. Cuando practicas, tu presencia tiene un efecto positivo en ti y en quienes te rodean.

Una piedra en el río

Todos hemos tenido problemas en el trabajo alguna vez. Todos sentimos dolor, tristeza y miedo. A veces, no nos damos tiempo o espacio para admitir y aceptar esas emociones tan fuertes en el trabajo, así que descargamos toda esa tensión por accidente. Esto puede dificultar la comunicación.

Pero nadie tiene por qué aceptar el dolor y la tristeza solo. Cuando lanzas una piedra al río, por muy pequeña que sea, se hunde hasta el fondo. Pero si tienes un bote, puedes cargarlo con toneladas de piedras y no se hundirán. Con nuestro sufrimiento ocurre lo mismo. La tristeza, el miedo, las preocupaciones y el dolor son como piedras que podemos cargar en el bote de la conciencia plena. Si nos damos el tiempo y el espacio suficiente para aceptar y admitir el sufrimiento, no nos hundiremos en el mar de la ira, la preocupación o la tristeza. Seremos más ligeros.

Podemos practicar la atención plena solos, pero sentiremos un mayor alivio y alegría si podemos practicar la comunicación consciente en nuestro lugar de trabajo y si tenemos el apoyo de otros que practiquen la conciencia plena con nosotros. No esperes cambiar el ambiente de trabajo de la noche a la mañana. Pero si haces un gran esfuerzo por practicar la comunicación compasiva, contigo mismo y con tus compañeros, avanzarás en la dirección correcta, y eso ya es suficiente.

7

Crear comunidad en el mundo

Aunque la comunicación compasiva puede ser muy poderosa cuando la utilizamos en nuestras relaciones individuales, su poder aumenta cuando la utilizamos en nuestras comunidades. Tanto la palabra «comunicación» como la palabra «comunidad» provienen de la misma raíz latina, *«communicare»*, que significa «impartir, compartir o hacer común». Debemos ir en dirección a la reconciliación y la comprensión, no solo con nuestros amigos y familiares, sino también en nuestro vecindario y nuestro lugar de trabajo. Podemos crear una base inclusiva y compasiva desde la cual interactuar con todo el mundo.

Una comunidad comprometida con el habla consciente y la escucha profunda puede ser muy efectiva a la hora de construir una sociedad mejor. Estas dos prácticas podrían formar parte de una ética global que estuviera disponible para ciudadanos de cualquier cultura o tradición religiosa con el objetivo de reducir los conflictos y restaurar la comunicación.

La comunidad genera el cambio

Podemos hablar de la práctica desde el punto de vista de la energía, pues la conciencia plena es un tipo de energía. Cuando unimos energías, estas se multiplican por mil. El total puede ser mayor que la suma de las partes. El cambio sistemático no se obtiene sin la energía de la comunidad. Si quieres salvar el planeta, si quieres transformar la sociedad, necesitas formar parte de una comunidad desarrollada. La tecnología no es suficiente. Sin la conciencia plena, la tecnología puede ser más destructiva que constructiva. Cuando hablamos de crear un ambiente sostenible o una sociedad más justa, normalmente hablamos de hacerlo mediante acciones físicas o avances tecnológicos como medios para obtener estos objetivos. Pero siempre nos olvidamos de un elemento: una comunidad unida. Sin ella, no conseguiremos nada.

Pensamos que una acción comunitaria se basa en acciones físicas, pero la energía de un silencio meditativo grupal o de un cántico comunitario también es comunicación y una acción poderosa. No pienso en estas acciones como oraciones o ceremonias religiosas, sino más bien como una forma de comunicación. Cuando nos sentamos y concentramos en comunidad, creamos una energía colectiva que emana compasión y comprensión. Sentarse en grupo y guardar silencio puede ser una práctica para escuchar tu propio sufrimiento y el del mundo.

La energía colectiva de la conciencia plena también complementa nuestra práctica individual. Cuando vemos a otras personas que se comunican consigo mismas y con los demás, nos sentimos inspirados. A veces la causa de nuestra tristeza se oculta tras muchas capas de sufrimiento que no podemos atravesar nosotros solos, ni siquiera cuando practicamos diligentemente y nos sentamos conscientemente. En estos casos, la energía de la comunidad puede ayudarnos a aceptar y desprendernos del dolor, algo que no podíamos alcanzar nosotros solos. Si abrimos nuestros corazones, la energía colectiva de la comunidad podrá penetrar en el sufrimiento que habita en nuestro interior. La escucha y el habla conscientes nos facilitarán mucho la tarea de construir una comunidad fuerte.

Generar confianza y compartir el sufrimiento

A algunos de nosotros nos cuesta confiar en otras personas. A alguien así puede resultarle difícil imaginarse a sí mismo compartiendo sus sentimientos con una comunidad más grande. A veces somos algo precavidos e incluso desconfiados. La gente nos dice que nos quiere y nos comprende, pero no hemos experimentado ese amor ni la comprensión. Deberíamos ser capaces de encontrar formas de ayudar a aquellas personas que no reciben amor ni comprensión. Muchas veces reciben amor verdadero y comprensión de verdad, pero no creen en el amor ni en la comprensión, por lo que les resulta imposible verlo. Esas personas son como espíritus hambrientos. En el budismo, un «fantasma hambriento» es alguien que tiene un estómago grande y vacío, alguien que tiene mucha hambre pero tiene una garganta muy pequeña. Aunque haya comida en abundancia, esa persona no puede tragarla. No puede consumir nada. Por lo tanto, aunque se le ofrezca mucha comprensión y amor, no es capaz de asimilar dichos sentimientos.

Alguien que sufre de esa manera no tiene capacidad para recibir comprensión, amor ni ayuda. Tienes que ser paciente. De vez en cuando, vemos deambular a fantasmas hambrientos. Los reconocemos con facilidad. Se los ve muy solos y aislados. Debemos tener mucha paciencia y ofrecerles mucho tiempo y espacio. No tengas prisa por ayudarlos, porque, cuando somos demasiado impacientes, podemos generar el efecto contrario al que pretendemos y recibir una respuesta totalmente opuesta.

Muéstrate relajado, bondadoso y compasivo delante de ellos y dales espacio. Es lo único que puedes hacer por ahora. Encuentra un mantra que sea lo bastante útil para ayudar a ensancharles la garganta y obtener sustento. Con tiempo y paciencia, un día su garganta aumentará de tamaño y empezarán a darse cuenta de la energía del amor y la comprensión que hay en ti. Construir una comunidad lleva su tiempo.

La comunidad fortalece la compasión

Los científicos han estudiado el comportamiento de los animales sociales, como los pájaros y los peces, y han descubierto que en toda comunidad hay un elemento de altruismo; parte de los miembros de la comunidad están preparados para morir y sacrificar sus vidas por el bien de la comunidad.

Existe una especie de pez, el espinoso, que nada en bancos formados por miles de peces. Siempre que ven la sombra de un depredador, un pez grande que pueda amenazar al banco, varias docenas se separan del resto para explorar. Saben que es arriesgado, pero quieren ir en esa dirección para comprobar si la amenaza es real. Si ven que no hay riesgo, regresan y se unen de nuevo al banco de peces. Si la amenaza es real, varios de ellos se quedan atrás para que el pez grande se los coma mientras el resto vuelve para alertar al banco de que debe cambiar de dirección. Las hormigas también tienen un comportamiento similar, igual que las abejas y algunas clases de pájaros. Entre los seres humanos, también ha habido casos de héroes que se han sacrificado de esa manera.

Este comportamiento por parte de algunos miembros de tu comunidad nutrirá tu propia generosidad y tu altruismo. Los científicos que estudiaron el comportamiento de los peces descubrieron que, si el banco permanece unido, la generosidad aumenta. Los descendientes se benefician de la unión y se vuelven cada vez más y más generosos. Pero si se dispersan, la generosidad se reduce rápidamente.

Según algunos estudios científicos, cuando te expones a un comportamiento así por parte de alguno de los miembros de tu comunidad, la semilla del altruismo que hay en ti crece. Y cuando llegue tu turno, harás lo mismo: sabrás cómo sacrificarte por el bien de la comunidad.

Al vivir en el planeta, tenemos unos hábitos arraigados. Caminamos sin ser conscientes de nuestros pasos ni disfrutarlos. Como si tuviéramos prisa. Hablamos sin saber qué decimos y generamos mucho sufrimiento con nuestras palabras. Las comunidades que se comprometen con la práctica de la conciencia plena pueden enseñar a los miembros de la misma a hablar, respirar y caminar conscientemente. La comunidad te ayuda a que te entrenes a ti mismo.

Cuando practicamos en comunidad, hay mucha más gente en la que apoyarse, pero también más oportunidades para sentir frustración e ira. El habla bondadosa y la escucha profunda son la clave para construir una comunidad. Aprendes a hablar sin causarte sufrimiento a ti mismo y a la comunidad. Si tu comunidad no practica el habla bondadosa y la escucha profunda, no es una auténtica comunidad. Aunque sientas sufrimiento e ira, puedes entrenarte a ti mismo a hablar para ayudar a otra persona o grupo a entender lo que te pasa, y eso es lo que posibilita la comunicación de verdad.

El mundo puede ser una comunidad consciente y compasiva

Tenemos que buscar mejores formas de comunicarnos. Si podemos hacerlo en el ámbito de las relaciones, podemos hacerlo en el ámbito laboral e incluso en el político. Debemos transformar nuestros gobiernos en comunidades conscientes y compasivas en las que se practiquen la escucha profunda y el habla bondadosa. Todos tenemos que poner de nuestra parte para contribuir como ciudadanos, como miembros de la familia de los seres humanos. Durante el proceso de construcción de la comunidad, tendrá lugar la transformación y la curación necesarias para promover la transformación y la curación del mundo.

Es un proceso que consiste en la enseñanza y el aprendizaje. Cuando hables, permite que el conocimiento del colectivo humano hable a través de ti. Cuando camines, no lo hagas solo por ti; camina por tus antepasados y la comunidad. Cuando respires, deja que el mundo respire por ti. Cuando estés enfadado, libera tu ira y deja que la comunidad la acepte. Si actúas así solo por un día, ya te habrás transformado. Sé parte de la comunidad y deja que la comunidad sea parte de ti. Esta es la verdadera práctica. Sé como el río cuando llega al mar; sé como las abejas y los pájaros que vuelan en conjunto. Debes verte a ti mismo en la comunidad y ver a la comunidad en ti. Es un proceso de transformación de tu forma de contemplar las cosas, y esto transformará la forma y la eficacia de tu comunicación.

8

La comunicación es la continuación

Todos los seres humanos y los animales se comunican. Normalmente definimos la comunicación como las palabras que utilizamos cuando hablamos o escribimos, pero nuestro lenguaje corporal, nuestras expresiones faciales, nuestro tono de voz, nuestras acciones físicas e incluso nuestros pensamientos son maneras de comunicarnos.

Del mismo modo que un naranjo puede crear hojas, flores y frutos hermosos, un ser humano puede producir pensamientos, palabras y acciones hermosos. Nuestra comunicación no es neutra. Cuando nos comunicamos, podemos producir más compasión, amor y armonía, o más sufrimiento y violencia.

Nuestra comunicación es lo que obsequiamos al mundo y lo que queda de nosotros cuando lo dejamos. En este sentido, la comunicación es nuestro karma. La palabra en sánscrito «karma» significa «acción» y no solo se refiere a la acción corporal, sino también a lo que expresamos con el cuerpo, las palabras y nuestros pensamientos e intenciones.

Durante el día, producimos energía de pensamiento, habla y acción. Nos comunicamos en todo momento, ya sea con nosotros mismos o con otras personas. El pensamiento, el habla y las acciones corporales son nuestra forma de manifestarnos. Somos nuestras acciones. Eres lo que haces, no solo lo que haces con el cuerpo, sino también con las palabras y la mente. El karma es la acción triple de nuestros pensamientos, nuestras palabras y nuestras acciones corporales.

Pensar es una acción. Aunque no veamos cómo se manifiesta, produce una energía muy poderosa. Pensar puede empujarte a hacer o decir cosas destructivas, así como generar mucho amor. Cada idea producirá un fruto, a veces de inmediato y, otras, al cabo de un tiempo. Cuando tenemos un pensamiento de odio, ira o desesperación, ese pensamiento es un veneno que afectará a todo tu cuerpo y tu mente. Un pensamiento de odio o ira puede llevar a una persona a herir a otra. Si cometes un acto violento, quiere decir que has tenido pensamientos de odio, ira y el deseo de castigar. Por eso, pensar ya es una acción en sí misma. No hace falta que digas o hagas nada para actuar. Producir un pensamiento es actuar.

Cuando produces un pensamiento cargado de comprensión, perdón y compasión, ese pensamiento tendrá un efecto curativo inmediato tanto en tu salud física como en la mental y en aquellos que te rodean. Si tienes un pensamiento cargado de juicio e ira, ese pensamiento envenenará de inmediato tu cuerpo y tu mente, además de a aquellos que te rodean.

Pensar es el primer tipo de acción, porque nuestras ideas determinarán el efecto que tenemos en el mundo. Nuestras palabras también tienen un gran efecto. Si estamos cualificados para hablar y escribir con compasión y comprensión, nos sentiremos de maravilla en cuerpo y mente. ¡No hablamos con compasión solo para que la persona o el grupo con el que hablamos se sienta mejor! El habla compasiva tiene un efecto curativo también en nosotros mismos. Después de decir algo amable, indulgente y compasivo, te sientes mucho mejor.

Cuando escribes palabras cargadas de compasión y perdón, te sientes más libre, incluso cuando la persona a la que has escrito todavía no las ha leído. Te sentirás mucho mejor antes incluso de enviar la carta, el correo o el mensaje. La persona que lea tus palabras también percibirá tu compasión. Asimismo, si te expresas con ira y violencia, si hablas con intención de castigar, tanto tú como la persona que oiga tus palabras experimentaréis un sufrimiento mayor. Piensa en un niño que oye pelear a sus padres. Aunque las palabras no vayan dirigidas a él, el efecto de las palabras de enfado será el mismo. El habla, es decir, la segunda forma de acción, puede curar y liberar o causar destrucción y dolor.

La tercera forma de acción es la acción corporal. Nos comunicamos mediante nuestro lenguaje corporal (con los puños apretados o los brazos abiertos), pero también con acciones mayores (incluidos los lugares a los que decidimos ir, lo que hacemos durante el día y la forma en que tratamos a los demás). Si eres capaz de hacer algo como salvar, respaldar, proteger, consolar, rescatar o preocuparte por alguien, tus acciones tendrán un efecto positivo de inmediato.

Toda comunicación lleva nuestro sello

Todo lo que decimos o hacemos lleva nuestro sello. No podemos decir: «Yo no he pensado eso». Somos responsables de nuestra propia comunicación. Así que, si resulta que ayer dije algo que no estuvo bien, hoy debería hacer algo para cambiarlo. El filósofo francés Jean-Paul Sartre afirmaba que «el hombre no es más que la suma de sus actos». El valor de nuestras vidas depende de la calidad de nuestras ideas, palabras y acciones.

Queremos ofrecer nuestros mejores pensamientos, nuestras mejores palabras y nuestros mejores actos corporales, porque esas acciones serán nuestra continuación. Cuando pensamos, hablamos y actuamos, creamos, y nosotros estamos presentes en nuestras creaciones. Son el resultado de nuestra existencia. Nuestros mensajes no desaparecerán cuando nuestros cuerpos ya no estén aquí. El efecto que producen nuestros pensamiento, nuestra habla y nuestras acciones físicas continuará extendiéndose hacia el cosmos. Tanto si nuestro cuerpo sigue aquí como si se desintegra, nuestras acciones seguirán estando presentes.

Cuando producimos un pensamiento, este lleva nuestro sello. Tú eres quien produjo ese pensamiento y eres responsable de él. Si es un pensamiento de compasión, perdón o inclusivo, seguirás estando presente de forma maravillosa, porque formarás parte de ese pensamiento. Eres el autor de esa acción. Tus palabras y tus acciones físicas, tanto compasivas como violentas, también llevarán tu sello.

Somos como las nubes que generan la lluvia. A causa de la lluvia, la nube tendrá efecto sobre los cultivos, los árboles y los ríos, incluso después de que ya no flote en el cielo. Asimismo, todo cuanto producimos desde el punto de vista de las ideas, el habla y la acción continúa incluso después de que nuestros cuerpos se desintegren. La nube seguirá estando aquí, en los campos de trigo y en el río. Cuando nuestro cuerpo se desintegre, nuestras palabras, ideas y acciones físicas seguirán teniendo efecto. Nuestras ideas, palabras y acciones son nuestra verdadera continuación.

Según esta práctica, podemos continuar de manera hermosa en el futuro. Imagina que en algún lugar existe una cuenta bancaria en la que depositamos cada palabra, idea o acción física. La cuenta bancaria existe, pero su localización se desconoce. Nada se pierde para siempre.

Cambiar el pasado

Supón que en el pasado le dijiste algo desagradable a tu abuela. Ahora ya no sigue con vida, así que no puedes disculparte directamente con ella. Muchos de nosotros cargamos con la culpa de algo que hemos dicho o hecho que creemos que no puede rectificarse. No obstante, es posible eliminar nuestra falta de destreza del pasado. El pasado no ha desaparecido del todo. Si somos conscientes de que nuestro mensaje continúa, entonces sabremos que el pasado todavía sigue aquí, oculto en el presente. Después de todo, el sufrimiento continúa; es palpable.

Hay algo que sí puedes hacer. Puedes sentarte, inhalar y exhalar profundamente y reconocer que notas la presencia de tu abuela en todas las células de tu cuerpo. «Abuela, sé que estás presente en cada célula de mi cuerpo; soy tu continuación. Siento haber dicho algo que nos hizo sufrir a ti y a mí. Por favor, escúchame abuela. Te prometo que, a partir de ahora, no volveré a decirle algo así a nadie. Abuela, por favor, acepta ayudarme con esta práctica». Cuando le hables así a tu abuela, la verás sonreír y el sufrimiento de tu pasado desaparecerá.

La comunicación no es invariable. Aunque ayer tuvieras un pensamiento de ira y odio, hoy puedes producir un pensamiento opuesto, un pensamiento de compasión y tolerancia. Tan pronto como produzcamos ese nuevo pensamiento, puede alcanzar rápidamente el pensamiento que tuviste el día anterior y neutralizarlo. Comunicarse correctamente en el presente puede ayudarnos a reparar el pasado, disfrutar del presente y sentar las bases de un buen futuro.

9

Prácticas para
la comunicación compasiva

La alarma del ordenador

Muchas veces, cuando trabajamos con el ordenador, nos perdemos por completo en el trabajo y olvidamos estar en contacto con nosotros mismos. O quizá olvidamos prestar atención a nuestras conversaciones y nos dejamos llevar por chismes muy interesantes, críticas, quejas u otro tipo de habla inconsciente.

Podemos programar un timbre de atención plena en nuestros ordenadores y, cada cuarto de hora (o tantas veces como se desee), sonará la alarma y tendremos la oportunidad de detenernos y regresar a nosotros mismos. Inhalar y exhalar tres veces bastará para liberar la tensión de cuerpo y sonreír; después, podremos continuar con nuestro trabajo.

Beber té con la conciencia plena

Beber té es una forma extraordinaria de reservar algo de tiempo para comunicarnos con nosotros mismos.

Cuando bebo té, solo me dedico a beber té. No tengo que pensar. Puedo dejar a un lado todas mis ideas mientras tomo té. Y, cuando dejo de pensar, puedo centrar toda mi atención en el té. Solo existe el té. Solo existo yo. Hay una conexión entre el té y yo. No necesito un teléfono para comunicarme con el té. De hecho, como no estoy al teléfono, puedo contactar con el té. Con solo respirar, soy consciente de mi respiración, de mi cuerpo y del té.

Reservar algo de tiempo para tomar té es algo maravilloso. Por lo general, en el budismo zen, no tenemos mandamientos ni reglas estrictas, pero «¡Bebe té!» es una especie de mandamiento zen que te ayudará a volver a casa. No pienses. Debes estar presente; tu cuerpo y tu mente deben estar unidos. Céntrate en el aquí y el ahora. Eres real. No eres un fantasma; eres real y sabes lo que ocurre en todo momento. Y lo que ocurre es que ahora mismo tienes una taza de té en las manos.

Escucha al niño que hay en ti

Todos tenemos un niño herido en el interior que necesita nuestros cuidados y amor. Pero huimos del niño que hay en nosotros porque tenemos miedo del sufrimiento que pueda causarnos. Además de escuchar a los demás con compasión, también debemos escuchar al niño herido. Ese niño pequeño necesita que le prestemos atención. Dedica algo de tiempo a volver al pasado y a acogerlo con ternura. Puedes hablar con el niño utilizando el lenguaje del amor. «Querido, en el pasado te dejé solo. He estado lejos de ti durante mucho tiempo. Lo siento. Ahora he vuelto para cuidar de ti, para aceptarte. Sé que has sufrido mucho y yo te he desatendido. Pero he aprendido la manera de cuidarte. Ahora estoy aquí». Si lo necesitamos, podemos llorar con el niño. Cada vez que nos sentemos, podemos dedicar algo de tiempo a sentarnos y respirar con ese niño. «Al inhalar, regreso con el niño herido; al exhalar, cuido bien del niño herido». Cuando demos un paseo, podemos darle la mano.

Deberíamos hablar con ese niño varias veces al día para curarlo. El niño pequeño ha estado solo durante mucho tiempo, así que tenemos que iniciar esta práctica enseguida. Regresa con el niño que hay en ti todos los días y escúchalo durante cinco o diez minutos para que tenga lugar ese proceso de curación.

El niño herido no es solo nosotros; puede que represente a numerosas generaciones de antepasados. Puede que nuestros padres y nuestros antepasados sufrieran toda la vida y no supieran cómo cuidar del niño herido que había en su interior, así que nos lo han dejado a nosotros. Por eso, cuando abrazamos al niño herido que hay en nosotros, abrazamos a todos los niños heridos de las generaciones pasadas. Esta práctica no nos beneficia solo a nosotros, sino que también sirve para liberar a innumerables generaciones de antepasados y descendientes. Esta práctica puede romper el ciclo.

Escribir una carta de amor

Si tienes problemas con alguien que esté presente en tu vida, podrías reservar algo de tiempo para estar a solas y escribirle una carta de verdad. Puedes escribírsela a alguien a quien veas a diario o a alguien a quien no hayas visto en años, o incluso a alguien que ya no esté entre nosotros; en cualquier caso, será igual de efectiva. Nunca es tarde para hacer las paces y curar una relación. Aunque ya no veamos a esa persona, podemos reconciliarnos con ella en nuestro interior, y la relación mejorará.

Dedica un par de horas a escribir una carta empleando el habla bondadosa. Mientras la escribas, practica el arte de contemplar en profundidad el estado de la relación. ¿Por qué ha sido difícil comunicarse? ¿Por qué no ha sido posible alcanzar la felicidad? Aquí tienes un ejemplo:

Querido/a:

Sé que has sufrido muchísimo estos últimos años. He sido incapaz de ayudarte... De hecho, solo he empeorado la situación. No quiero hacerte sufrir. Tal vez no soy lo bastante hábil. Tal vez he tratado de imponerte mis ideas. En el pasado, creía que tú me hacías sufrir. Ahora me doy cuenta de que yo soy el único responsable de mi propio sufrimiento.

Te prometo que haré todo lo posible por contenerme y no decir o hacer cosas que puedan hacerte sufrir. Por favor, dime qué hay en tu corazón. Tienes que ayudarme, de lo contrario me será imposible hacerlo. No puedo hacerlo solo.

Al escribir la carta, no tienes nada que perder. Una vez hayas terminado, puedes decidir si quieres enviarla o no. Pero independientemente de si optas por hacerlo o no, descubrirás que la persona que termina de escribir la carta no es la misma persona que la empezó: la paz, la comprensión y la compasión te han transformado.

Tratados de paz y notas de paz

Los tratados de paz y las notas de paz son dos herramientas que nos permitirán mitigar el enfado y el daño en una relación. El tratado de paz puede utilizarse como una herramienta preventiva, antes de que digamos algo hiriente o nos hagan daño con palabras o acciones crueles. Cuando firmamos un tratado de paz, no solo hacemos las paces con la otra persona, sino también con nosotros mismos.

Una nota de paz puede utilizarse como una herramienta curativa cuando estamos dolidos o enfadados por algo que otra persona ha dicho o hecho. Puedes fotocopiarlas y guardar copias en blanco para cuando las necesites. Úsalas en lugar de la nota que escribiste durante la práctica del cuarto mantra y que guardas en la cartera.

Si alguien hace algo que nos causa sufrimiento, podemos decirles: «Lo que acabas de decirme me ha hecho daño. Me gustaría analizarlo en profundidad, y me gustaría que tú también lo hicieras. Concretemos un día de esta semana para analizarlo juntos». Que una persona analice la fuente del sufrimiento es bueno, que lo hagan dos personas es mejor, y que las dos personas lo hagan juntos es muchísimo mejor.

Tanto el tratado como la nota sugieren esperar varios días para debatirlo. Podéis escoger cualquier noche. Al principio, todavía seguiréis dolidos y empezar a discutirlo en ese momento puede ser algo arriesgado. Quizá digáis cosas que empeoren la situación. Desde este momento hasta esa noche, puedes practicar cómo analizar en profundidad el origen del sufrimiento, algo que también puede hacer la otra persona. Antes de que llegue esa noche, es posible que uno o ambos sepáis cuál es la raíz del problema y seáis capaces de decírselo al otro y disculparos. Entonces, esa noche, podréis tomar una taza de té juntos y disfrutar de la compañía del otro.

Si, cuando tenga lugar el encuentro, el sufrimiento no se ha transformado, uno de los participantes empezará a hablar y la otra persona escuchará profundamente. Cuando hables, cuenta la verdad en profundidad utilizando el habla bondadosa, el tipo de habla que la otra persona entiende y acepta. Mientras escuchas, sabes que debes escuchar correctamente para aliviar el dolor de la otra persona. Si es posible, programa el encuentro un viernes por la noche o un sábado a primera hora de la mañana; de este modo, tendréis todo el fin de semana para estar juntos.

Tratado de paz

Para seguir viviendo juntos y felices durante mucho tiempo, desarrollando e intensificando nuestro amor y nuestra comprensión, nosotros, los abajo firmantes, juramos acatar y practicar lo siguiente:

Yo, el que está enfadado, accedo a:

1. Abstenerme de decir o hacer algo que pueda causar más daños o incrementar la ira.

2. No reprimir la ira.

3. Practicar la respiración y refugiarme en mi propia isla.

4. Contarle con calma a quien me ha hecho enfadar en la próximas veinticuatro horas que estoy enfadado y sufro, ya sea de forma verbal o mediante una nota de paz.

5. Pedir cita a lo largo de la semana (por ejemplo, el viernes por la noche) para debatir el asunto en profundidad, ya sea de forma verbal o mediante una nota de paz.

6. No decir: «No estoy enfadado. No pasa nada. No sufro. No tengo por qué estar enfadado, o, por lo menos, no tengo motivos para enfadarme».

7. Practicar la respiración y contemplar en profundidad en mi vida diaria, sentado, tumbado, de pie o caminando, para comprender:

- de qué formas he demostrado ser poco hábil.
- que he hecho daño a la otra persona a causa de la energía del hábito.
- de qué manera la semilla de mi enfado se ha convertido en la causa principal de mi enfado.
- que el sufrimiento de la otra persona, que riega la semilla de mi enfado, es una causa secundaria.
- que la otra persona solo busca mitigar su propio sufrimiento.
- que mientras la otra persona sufra, no puedo ser feliz de verdad.

8. Disculparme inmediatamente, sin esperar hasta nuestro encuentro, en el momento en que sea consciente de mi inhabilidad y mi falta de conciencia plena.
9. Posponer el encuentro si no estoy lo bastante calmado para reunirme con la otra persona.

Yo, el que ha hecho enfadar al otro, accedo a:

1. Respetar los sentimientos de la otra persona, no ridiculizarla y darle el tiempo que necesite para calmarse.
2. No presionar para que se discuta el problema de inmediato.
3. Confirmar la petición de encuentro de la otra persona, ya sea de forma verbal o mediante una nota, y asegurarle que asistiré.
4. Practicar la respiración y refugiarme en mi propia isla para comprender que:

   - tengo semillas de crueldad e ira en mi interior, además de la energía de un hábito que hace infeliz a la otra persona.
   - he creído erróneamente que hacer sufrir a la otra persona aliviaría mi propio sufrimiento.
   - al hacer sufrir a la otra persona, me hago sufrir a mí mismo.

5. Disculparme en cuanto sea consciente de mi falta de habilidad y de conciencia plena, sin intentar justificarme y sin esperar a que se lleve a cabo el encuentro.

Juramos respetar estos artículos y practicarlos incondicionalmente.

Firmado,

A ____ de _____ del año _____, en _____ .

Nota de paz

Fecha:
Hora:

Querido/a _____ :

Esta mañana/tarde/ayer, dijiste/hiciste algo que me hizo enfadar mucho. He sufrido muchísimo. Quiero que lo sepas. Dijiste/hiciste lo siguiente: _____.
    Por favor, analicemos lo que has dicho/hecho y examinemos el asunto de forma calmada y abierta este viernes por la tarde.

Atentamente, aunque no muy feliz,

_____

Empezar de nuevo

Cuando hay algún problema en una relación y uno de los dos siente resentimiento o dolor, una buena técnica que puede ponerse en práctica es la de «empezar de nuevo». Empezar de nuevo es observarnos profunda y honestamente a nosotros mismos (las acciones, el habla y los pensamientos de nuestro pasado) y empezar de nuevo en nuestro interior y en nuestras relaciones con los demás.

Empezar de nuevo nos ayuda a desarrollar un habla más amable y una escucha más compasiva porque es una práctica de reconocimiento y apreciación de los aspectos positivos de otra persona. Reconocer los rasgos positivos de otros nos permite reconocer nuestras buenas cualidades. Junto a esas cualidades positivas, todos tenemos también puntos débiles, como hablar desde el enfado o dejarnos llevar por interpretaciones erróneas. Como en un jardín, cuando «regamos las flores» de la bondad y la compasión de la otra persona, también acabamos con la energía de las malas hierbas de la ira, la envidia y las interpretaciones erróneas.

Podemos empezar de nuevo todos los días expresando nuestro aprecio a las personas que nos importan y disculpándonos de inmediato cuando hacemos o decimos algo que les hace daño. También podemos hacerles saber a los demás con amabilidad que nos han hecho daño.

También podemos empezar de nuevo en el ambiente familiar y en el ámbito laboral. En estos ámbitos, el proceso se divide en tres partes: regamos las flores, expresamos nuestros remordimientos y compartimos nuestro dolor y nuestras dificultades. Esta práctica puede prevenir que el dolor aumente de una semana a otra y ayuda a que la situación sea segura para todos en el ámbito laboral y en el seno de la familia.

La primera parte de la práctica consiste en regar las flores. Esto consiste principalmente en mostrar el aprecio que sientes por los otros miembros de tu familia o comunidad laboral. Los participantes lo hacen de uno en uno, esperan hasta que están preparados para hablar. Los demás les dejan hablar sin interrupciones. Podría resultar práctico que las personas que hablen sujeten un jarrón lleno de flores o un objeto ante ellos, para que sus palabras reflejen la frescura y la belleza de las flores. Mientras regamos las flores, el hablante reconoce las estupendas cualidades de los demás. No se trata de halagar, sino de decir la verdad. Todo el mundo tiene fortalezas que pueden apreciarse gracias a la conciencia plena. Nadie puede interrumpir a la persona que sujeta las flores. A cada persona se le permite tomarse el tiempo que necesite y, mientras tanto, todos los demás practican la escucha profunda. Cuando una persona ha terminado de hablar, se pone en pie y devuelve el jarrón al centro de la sala.

No deberíamos menospreciar el primer paso. Cuando reconocemos con sinceridad las cualidades hermosas de los demás, nos resulta muy difícil aferrarnos a nuestros sentimientos de enfado y resentimiento. Nos ablandamos por naturaleza y nuestra perspectiva se amplía hasta incluir la realidad en su totalidad.

En la segunda parte de la práctica, los participantes expresan su arrepentimiento por lo que sea que hayan hecho que ha herido a alguien. No hace falta más que una frase desconsiderada para hacer sufrir a otra persona. A veces, nos aferramos al resentimiento o a los remordimientos, que crecen porque no tenemos tiempo para corregirlos. Esta práctica es una oportunidad para evocar los remordimientos que hemos sentido a principios de semana y deshacernos de ellos.

En la tercera parte de la ceremonia, expresamos la forma en que los demás nos han hecho daño. Es crucial emplear el habla bondadosa. Queremos curar a nuestra familia y nuestra comunidad de trabajo, no hacerles daño. Debemos hablar con franqueza, pero no queremos ser destructivos. Cuando nos rodeamos de personas que practican la escucha profunda, nuestro discurso se vuelve más amable y constructivo. Nunca culpamos a los demás ni discutimos.

En la última parte, es crucial poner en práctica la escucha compasiva. Escuchamos el dolor y los problemas de otros con la voluntad de aliviar su sufrimiento, sin juzgar ni discutir. Escuchamos con toda nuestra atención. Aunque oigamos algo que no es cierto, seguiremos escuchando con profundidad para que la otra persona exprese su dolor y liberar la tensión acumulada. Si contestamos o corregimos a esa persona, la práctica no dará resultado. Solo debemos escuchar. Si tenemos que decirles a los demás que sus impresiones no son correctas, podemos decírselo unos días más tarde, en privado y con calma. Entonces, durante la próxima sesión, puede que rectifiquen el error por sí mismos y no tengamos que decir nada. La práctica puede acabar con un momento de silencio.

Solo con llevar a cabo la primera parte de esta práctica, la de regar las flores, incrementaremos la felicidad y la comunicación en el ámbito familiar o el laboral. No tienes que realizar las tres partes de la práctica siempre. Sobre todo cuando la práctica es nueva para ti, lo mejor es dedicar la mayor parte del tiempo a regar las flores. Con el tiempo, poco a poco, cuando tengas más confianza, podrás añadir la segunda y la tercera parte. Aun así, no te saltes la primera. Expresar el aprecio que sientes por los demás es una de las mejores formas de construir relaciones fuertes basadas en el cariño.

El pastel de la nevera

Una de las herramientas que podemos utilizar para mejorar la comunicación es un pastel. No importa si se te da bien hornear, no tienes un pastel o no te sienta bien el gluten. Este es un pastel muy especial que no está hecho de harina y azúcar como un bizcocho. Podemos comer y comer y, aun así, nunca se terminará. Se llama «el pastel de la nevera».

Esta práctica se desarrolló para ayudar a los niños a lidiar con las discusiones de sus padres, pero también pueden usarla los adultos que tienen una relación. Cuando el ambiente está cargado y es desagradable, y parece que una de las personas está perdiendo los estribos, puedes utilizar la práctica del pastel para recuperar la armonía.

En primer lugar, inhala y exhala tres veces para armarte de valor. Luego, dirígete a la persona que parezca disgustada y dile que te acabas de acordar de algo. Cuando te pregunte qué, responde: «Acabo de recordar que hay un pastel en la nevera».

Decir que hay un pastel en la nevera en realidad significa: «Por favor, vamos a dejar de hacernos sufrir el uno al otro». Al oír esas palabras, la persona lo entenderá. Con suerte, te devolverá la mirada y dirá: «Tienes razón. Voy a por el pastel». Es una forma no crítica de salir de una situación peligrosa. La persona que está molesta tendrá en ese momento la oportunidad de abandonar la discusión sin causar mayor tensión.

La persona va a la cocina, abre la nevera, saca el pastel y hierve agua para hacer té, todo mientras controla la respiración. Si no hay un pastel de verdad en la nevera, busca algo que pueda sustituirlo: una pieza de fruta, una tostada o cualquier cosa que encuentres. Mientras prepara el tentempié y el té, puede que la persona recuerde que puede sonreír para sentirse más ligera en cuerpo y alma.

Sentada a solas, en el salón, la otra persona puede empezar a practicar la respiración consciente. Poco a poco, el mal carácter se aplacará. Después de dejar el té y el pastel en la mesa, es probable que el ambiente no esté tan cargado y haya más comprensión. Si una persona no sabe si debe participar o no, puedes convencerlo diciendo: «Por favor, ven a tomar un poco de té y pastel conmigo».

La meditación del abrazo

Algunas de nuestras comunicaciones más solidas no incluyen las palabras. Cuando abrazamos, los corazones conectan y sabemos que no somos dos seres aislados. Abrazar conscientemente y con concentración puede dar lugar a la reconciliación, la curación, la comprensión y la felicidad.

Puedes practicar la meditación del abrazo con un amigo, tu hija, tu padre, tu pareja o incluso con un árbol. Para practicar, primero inclina la cabeza y reconoce la presencia de la otra persona. Cierra los ojos, respira profundamente e imaginaos a ti y a tu ser querido dentro de trescientos años. Entonces, inhala tres veces profunda y conscientemente para situarte en el ahora por completo. Puedes repetir para ti mismo: «Al inhalar, sé que la vida es muy valiosa en este momento. Al exhalar, aprecio este momento de mi vida».

Sonríe a la persona que tienes delante y expresa el deseo que sientes de estrecharla entre tus brazos. Es una práctica y un ritual. La unión de cuerpo y alma para hacerse presente por completo, para estar lleno de vida, es un ritual.

Cuando bebo un vaso de agua, dedico el cien por cien de mi persona a beber. Deberías entrenarte para vivir cada momento de tu vida diaria de esa manera. Abrazar es una práctica profunda. Tienes que estar totalmente presente en el momento para abrazar correctamente.

Abre los brazos y empieza la práctica. Abrazaos durante tres inhalaciones y exhalaciones. Con la primera respiración, serás consciente de que estás en el presente en ese mismo momento y eres feliz. Con la segunda, serás consciente de que la otra persona está presente en el ahora y de que también es feliz. Con la tercera, serás consciente de que estáis juntos, en ese mismo instante, en el planeta tierra, y sentirás una felicidad y un aprecio enormes por poder estar juntos. Entonces podrás soltar a la otra persona e inclinar la cabeza para dar las gracias.

También podéis practicarlo de otra manera: durante la primera respiración, sé consciente de que tú y tu ser querido estáis vivos. Durante la segunda, piensa en dónde estaréis dentro de trescientos años. Y durante la tercera, recuerda que ambos seguís con vida.

Cuando abrazas de ese modo, eres consciente de que la otra persona es real y está viva. No tienes que esperar a que uno de vosotros se vaya de viaje; podéis abrazaros ahora y recibir el calor y la estabilidad del otro en el presente. Abrazarse puede ser una buena práctica de reconciliación.

Durante el silencio de un abrazo, el mensaje quedará muy claro: «Querido, eres muy importante para mí. Siento no haber sido consciente y considerado. He cometido errores. Permíteme empezar de nuevo».

En ese momento, te darás cuenta de que la vida es real. Los arquitectos construyen los aeropuertos y estaciones de tren teniendo en cuenta que debe haber bastante espacio para que la gente se abrace. Si practicas esta técnica, los abrazos serán más profundos, y también lo será tu felicidad.

Sobre el autor

Thich Nhat Hanh tiene comunidades de retiro en el suroeste de Francia (Plum Village), Nueva York (monasterio de Blue Cliff), California (monasterio de Deer Park) y Misisipi (monasterio de Magnolia Grove), en las que monjes, monjas y miembros laicos practican el arte de la vida consciente. Los visitantes pueden unirse a la práctica por lo menos durante una semana. Para más información, puedes escribir a:

Plum Village
13 Martineau
33580 Dieulivol
Francia

NH-office@plumvillage.org (para mujeres)
LH-office@plumvillage.org (para mujeres)
UH-office@plumvillage.org (para hombres)
www.plumvillage.org

Monasterio Blue Cliff
3 Mindfulness Road
Pine Bush, Nueva York, 12566
Tel: (845) 733-4959
www.bluecliffmonastery.org

Monasterio Deer Park
2499 Melru Lane
Escondido, California, 92026
Tel: (760) 291-1003
Fax: (760) 291-1172
www.deerparkmonastery.org
deerpark@plumvillage.org

Monasterio Magnolia Grove
123 Towles Road
Batesville, Misisipi, 38606
Tel: (662) 563-0956
Fax: (760) 291-1172
www.magnoliagrovemonastery.org
office@magnoliagrovemonastery.org

Una parte de los ingresos recaudados por este libro se destina a la difusión de la obra y las enseñanzas de Thich Nhat Hanh. Para más información sobre cómo puedes aportar tu granito de arena, visita las siguientes webs:

www.thichnhathanhfoundation.org
www.escuelasdespiertas.org
www.tnhspain.org
www.vivirdespiertos.org

Esperamos que haya disfrutado
de *El arte de comunicar,*
de Thich Nhat Hanh.

Recuerde que también puede seguir
a Kitsune Books en redes sociales
o suscribirse a nuestra *newsletter.*